JN136171

鮮總督府主催
鮮博覧會
會期 昭和四年九月十二日ヨリ
同 年十月卅一日マデ
會場‥旧景福宮
發行、京城協賛會

朝鮮博覽會
主催 朝鮮總督府
會期 昭和四年
自九月十二日
至十月三十日
於京城舊景福宮

朝鮮博覽會
主催 朝鮮總督府
會期 昭和四年
自九月十二日
至十月卅一日
於京城舊景福宮
發行 京城協贊會

朝鮮博覧會
演藝館招待券
通用期間
九月十二日ヨリ
十月三十一日マデ
本券ハ特別興行ノ
場合ニハ通用セズ
京城協賛會

朝鮮博覧會
演藝館入場券
通用期間
九月十二日ヨリ
十月三十一日マデ
本券ハ特別興行ノ
場合ニハ通用セズ
(金五拾錢)
京城協賛會

朝鮮博覧會
演藝館入場券
通用期間
九月十二日ヨリ
十月三十一日マデ
本券ハ特別興行ノ
場合ニハ通用セズ
(金貳拾五錢)
京城協賛會

徽章茶菓券及觀覽優待券（見本）

朝鮮博覽會
京城協贊會章

七寶白地

京城協贊會マーク

餘興出演藝妓
及關係者章

洋銀台金渡金

表面

裏面

會員章

正會員	贊助會員	特別會員	有功會員	名譽會員
洋銀台	純銀台	純銀台 金象眼	十四金台	十八金台

朝鮮總督 子爵 齋藤 實氏

朝鮮博覽會事務總長

伯爵兒玉秀雄氏

朝鮮博覽會經營部長
今村武志氏

朝鮮博覽會經營部總務課長
兒島高信氏

朝鮮博覽會京城協贊會
總裁侯爵 朴泳孝氏

朝鮮博覽會京城協贊會
前會長 馬野精一氏

朝鮮博覽會京城協賛會
會長 松井房治郎氏

朝鮮博覽會京城協賛會
副會長 古城菅堂氏

朝鮮博覽會京城協賛會
副會長 韓 相 龍氏

朝鮮博覽會京城協賛會
顧 問 加藤敬三郎 氏

朝鮮博覽會京城協賛會
顧問 有賀光豊氏

朝鮮博覽會京城協賛會
顧問 子爵 閔丙奭氏

朝鮮博覽會京城協贊會
顧問 渡邊定一郎氏

朝鮮博覽會京城協贊會
理事長 釘本藤次郎氏

朝鮮博覧會京城協賛會勸誘部主任理事
兼會計部主任理事 肥塚正太氏

朝鮮博覧會京城協賛會餘興部主任理事 戸島祐次郎氏

同 接待部主任理事 李升雨氏

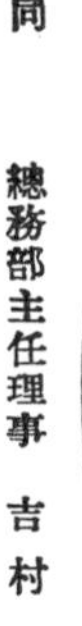

同 總務部主任理事 吉村傳氏

朝鮮博覽會京城協贊會勸誘部主任理事　梁在昶氏

朝鮮博覽會京城協贊會接待部兼設備部主任理事　中屋重樹氏

同　設備部主任理事　中村誠氏

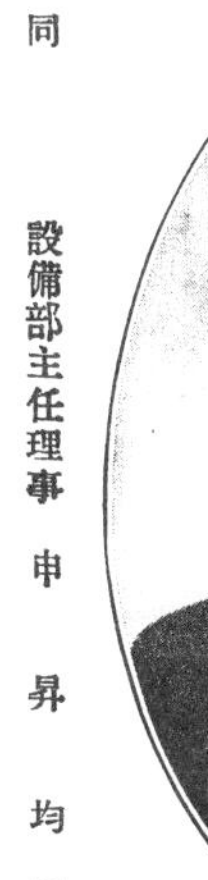

同　設備部主任理事　申昇均氏

朝鮮博覧會京城協賛會餘興部主任理事　全　聖　旭　氏

朝鮮博覧會京城協賛會會計部主任理事　高橋　源六　氏

京城協賛會事務長　橋本　忠雄　氏

京城協賛會事務囑託　曾　我　勉　氏

昭和四年十月一日朝鮮博覽會開會式當日閑院宮殿下御台臨席

同式場御退場

九月十二日開場式（齋藤總督閣下の萬歳唱和）

九月十二日開場式の宴會場

褒賞授與式十月十一日

十月三十一日朝鮮博覽會閉會式

閑院宮殿下場内御巡視（十月一日）

接待館

朝鮮博覽會演藝館

野外劇場

朝博萬國街の正面

萬國街出演怪力美人アンネタ・プーシ孃　體量四十貫

萬國街出演（ニナーアンタレス孃）

萬國街出演一人オーケストラ　山本氏

朝鮮博覽會宣傳　其の一

同　其の二

同　其の三

京城驛前歡迎門

總督府前光化門通リ町裝飾

京城驛內裝飾

內地館前の群集

第二會場賣店前の群集

慶會樓に於ける（假裝行列）
十月三十日

子供の國飛行機塔

子供の國兒童遊戯場

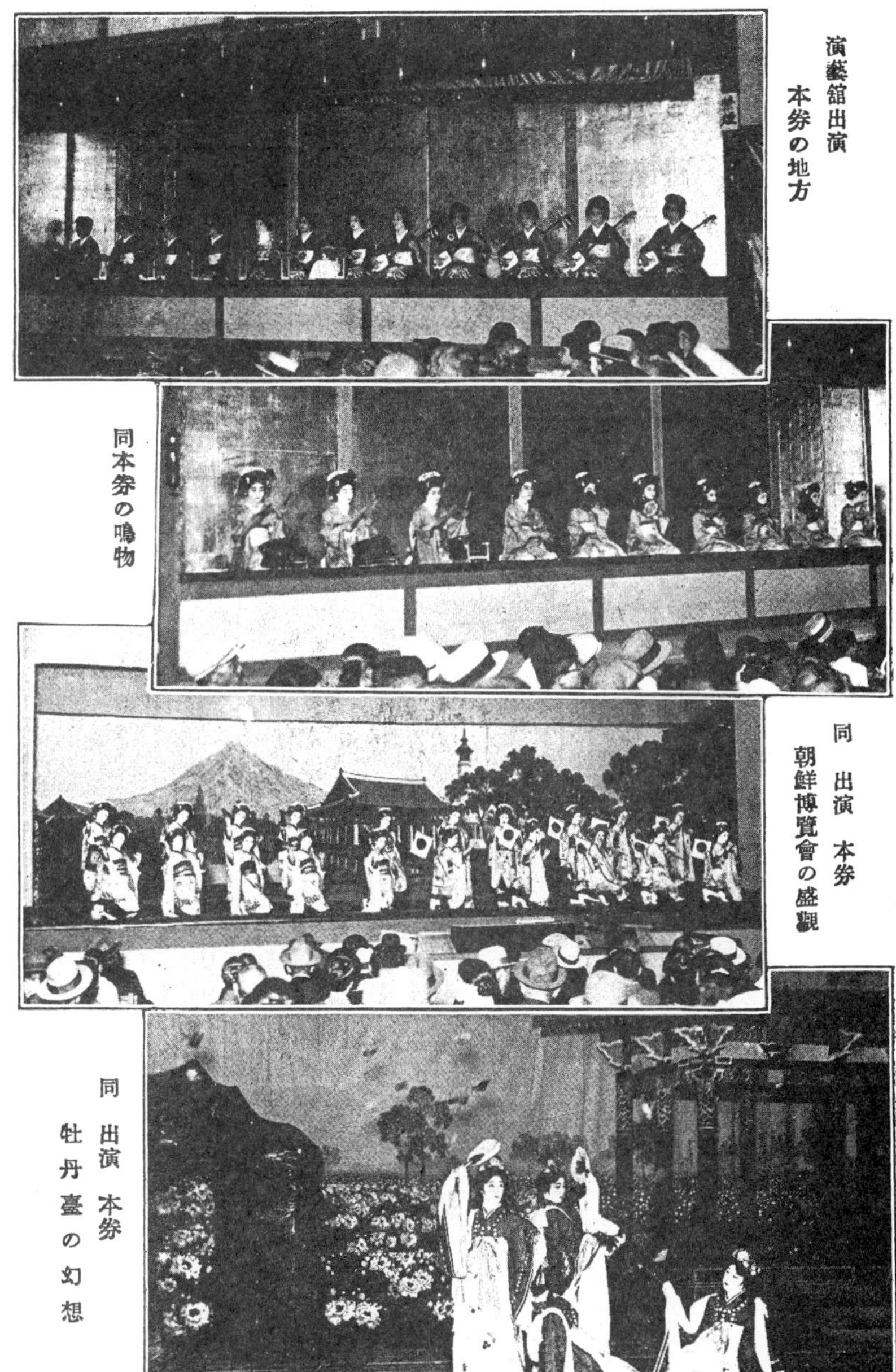

演藝舘出演
本券の地方

同本券の鳴物

同　出演　本券
朝鮮博覽會の盛觀

同　出演　本券
牡丹臺の幻想

牡丹臺幻想の衣裳(本券)

仁川月尾島宵月の衣裳(本券)

北漢山の雪景の舞踊(新町券)

昌慶苑の櫻花(新町券)

漢城券番朝鮮舞踊

漢城券番ダンス

朝鮮券番の舞踊姿

朝鮮舞踊（朝鮮券番）

漢南券番のダンス

漢南券番朝鮮舞踊

京城券番のダンス

京城券番の朝鮮舞踊

緒言

昭和四年の秋朝鮮總督府に於て開催せられたる朝鮮博覽會は、其計畫規模共に雄大にして從來斯種の計畫中之に匹儔すべきものを見ず。而も本博覽會の成否如何は半島百年の開發上至重至大の結果を齎すを以て、茲に京城協賛會は同博覽會所期の目的達成上備に協賛の實を擧くるを最善の使命とし、一意之か大成に努力したること江湖各位の甚大なる御援助御僇力の賜とに因り幸ひ豫期以上の好成績を收め得たるは洵に同慶に堪へさると同時に深く感謝措く能はさる處なり。今や其の業務の圓滿に終了するを得たるを以て、之か關係事項の大要を刻劂に附し玆に各位に配呈す。

昭和五年一月十七日

朝鮮博覽會京城協贊會

感謝狀

施政二十週年記念朝鮮博覽會開設に際し率先協賛會を組織し巨額の資金を醵集して特殊の施設を爲し　貴顯の臨場に當りては赤誠を披瀝して奉迎の遺憾なきを期し又一般觀覽者に對し至大の便益を計る等直接間接本會の盛況を援助せられたるは感謝に堪へざる處なり殊に入場者壹百萬人の豫想を超過せし如きは今後の半島開發の上に好影響を與ふるものにして會長始め役員諸氏の多大なる盡瘁と多數會員の熱心なる翼賛に因るものにして朝鮮博覽會が善く有終の美を收め得たるもの一に貴會に負ふ所

大なりと謂はざる可からず

今や事務終了するに當り貴會の致されたる後援の偉績を痛感し

茲に深甚の謝意を表す

昭和五年一月三十一日

朝鮮博覧會

事務總長　伯爵　兒玉秀雄

京城協賛會長　松井房治郎殿

朝鮮博覽會京城協賛會報告書

目次

開會中の事業……一二四

一、京城協賛會收支決算報告……一七二

一、剰餘金處分及補助金指令寫……一八六

附録

朝鮮博覽會京城協贊會の成立

發起人及發起人會

昭和三年八月二十二日京城府社會館に京城の朝野名士五百三十名を招き席上渡邊定一郎氏は發起人を代表して明年秋期に開催せらるゝ朝鮮博覽會に對し京城は協贊會を設けて之を後援する必要ありと信し各位に御足勞を願ました處多數の御來會を得ましたことは深く感謝する所であります

京城協贊會を組織致しますには種々御協議を願ふ事項があります故座長を選定することに致したく御異議なくは拙者に指名方を御任せ願たしと諮り、一同異議なし

同氏は座長に釘本藤次郎氏を推薦す一同拍手を以て迎ふ釘本藤次郎氏座長席に着き各位の御推薦により暫時座長席を汚す旨を述べ發起人會を開くことを宣告す

京城府尹馬野精一氏は朝鮮博覽會開設の趣旨並に其の計畫及び朝鮮總督府に於ける準備委員會の經過を詳細に報告後直に左記の朝鮮博覽會京城協贊會々則を議題とし一同に諮り異議なく可決す

發起人氏名

（次第不同）

馬野精一氏　渡邊定一郎氏　古城菅堂氏　釘本藤次郎氏

石原磯次郎氏
大村百藏氏
元悳常氏
河合治三郎氏
方奎煥氏
李仁用氏
李升雨氏
鄭完圭氏
朴榮根氏
肥塚正太氏
谷野滿藏氏
棚橋惣五郎氏
大橋正己氏
瀨戶多平氏
金昌斗氏

荒井初太郎氏
田中半四郎氏
白寅基氏
宋達燮氏
三上豐氏
芮宗錫氏
高木德彌氏
韓萬熙氏
寺尾猛三郎氏
增田三穗氏
今野專壽氏
光延丈成氏
曾我勉氏
小川勝平氏
金溶夏氏

河內山樂三氏
申昇均氏
張弘植氏
藤村忠助氏
池田長次郎氏
安藤靜氏
金思演氏
成松綠氏
淺野太三郎氏
戶谷正路氏
浦田多喜八氏
秋山督次氏
森井與一郎氏
李正珪氏
朴準鎬氏

韓相龍氏
嚴柱益氏
山崎鹿藏氏
武上安一氏
李東善氏
富井實太郎氏
李恒鍾氏
小林藤右衛門氏
閔溶鎬氏
越川島吉氏
岩井長三郎氏
平井九一郎氏
小泉貞造氏
芮永洙氏
亶秉相氏

任興淳氏
金顯貞氏
安培根氏
沈友燮氏
山田禎輔氏
富野繁市氏
西崎源太郎氏
須藤久左衛門氏
陣内茂吉氏
古城龜之助氏
恩田銅吉氏
大村卓一氏
富田儀作氏
辻本嘉三郎氏
金德昌氏

張壽慶氏
黃台淵氏
尹宇植氏
白石巖氏
戸島祐次郎氏
野田源五郎氏
李鳳烈氏
藤田安之進氏
堀内滿輔氏
白完爀氏
趙鎭泰氏
今村武志氏
閔丙奭氏
兼古禮藏氏
杉山久氏

梁在昶氏
金錫晋氏
張基肇氏
都筑康二氏
阿部喜之助氏
田川常治郎氏
高居瀧三郎氏
瀧川靜江氏
朴永根氏
有賀光豊氏
朴榮喆氏
香椎源太郎氏
上田伊之助氏
山根譓氏
新田耕市氏

金錫昊氏
宋在榮氏
李慶世氏
李海承氏
藤貞市氏
田中三郎氏
藤田米三郎氏
嶋田忠作氏
伊藤大次郎氏
和田一郎氏
大村友之亟氏
車田篤氏
池田與三郎氏
杉山富氏
森己三郎氏

藤木利右衛門氏
鮫島宗也氏
俞鎮明氏
山本正三氏
今井五介氏
天日常次郎氏
佐野彥藏氏
渡邊勝三郎氏
西村福松氏
古賀三千人氏
齋藤久太郎氏
福原俊丸氏
中江勝五郎氏
今村貞太郎氏
中條橋吉氏

中江富十郎氏
村島長二氏
洪泰元氏
長野肇氏
武者鍊三氏
小杉謹八氏
藤井寬太郎氏
加藤常美氏
西田喜平氏
苫米地造酒彌氏
竹中峰次郎氏
眞木仙次郎氏
野村龍太郎氏
萬田喜平氏
大庭讓太郎氏

小林源六氏
宮林泰司氏
尹希誠氏
川田又藏氏
末森富良氏
金子俊雄氏
執行猪太郎氏
兒玉豐記氏
八坂卯三郎氏
赤尾虎吉氏
森本光太郎氏
三浦泰雄氏
馬越恭平氏
東涛二氏
押原參吉氏

木島眞氏
朴承稷氏
佐藤勝太氏
藤井專兵衛氏
新田留次郎氏
朴泳孝氏
平田智惠人氏
住井辰男氏
西川篤次郎氏
後藤虎雄氏
橋本豐太郎氏
松山常次郎氏
小賀野淸藏氏
二宮德氏
伊藤幾弌氏

山本長男氏
金潤晃氏
坪川寅次郎氏
李青氏
土井一義氏
三好豊太郎氏
播本恒太郎氏
新井英次氏
團貫一氏
井上龜彥氏
山崎實一氏
五島榮藏氏
金秊洙氏
藤井龜吉氏
齋藤五吉氏
高橋章之助氏

金漢奎氏
鄭奎煥氏
松本民助氏
尹相武氏
馬場蔀氏
南源兵衛氏
洪淳泌氏
梁川小市氏
杉原鬼喜多氏
池田長兵衛氏
鈴木善八氏
加藤敬三郎氏
淺川眞砂氏
松岡正男氏
青柳綱太郎氏
中村資良氏

岩谷二郎氏
金源有氏
越田常太郎氏
大和與次郎氏
中村寬治氏
福田台三氏
谷口小次郎氏
鏑木與四次郎氏
杉山中氏
江越道孝氏
渡邊爲吉氏
和田八千穗氏
益川熊一郎氏
牧山耕藏氏
田村直一氏
有賀新一郎氏

金子丈作氏
曺喜暻氏
木下榮氏
李夏榮氏
角田晴之助氏
山口太兵衛氏
山岸鎌次氏
山中松次郎氏
內藤朝藏氏
渡邊舜象氏
高村廣作氏
閔大植氏
西村宗一氏
有馬純吉氏
神坂退三氏
宋鎭雨氏

申錫雨氏
菊池謙讓氏
酒井與三吉氏
大澤義城氏
李達鎔氏
島崎龍一氏
井上久藏氏
橋本茂雄氏
張燾氏
閔泳瓚氏
韓翼敎氏
高井健次氏
山崎新氏
藤井專之助氏
權藤四郎介氏
齋藤音作氏

李相協氏
小野久太郎氏
新田唯一氏
工藤武城氏
申錫麟氏
前田昇氏
伊藤甫策氏
方台榮氏
張憲植氏
若曾根當五氏
竹井三郎氏
中村健太郎氏
安川伊吉氏
古城梅溪氏
小寺忠行氏
木尾虎之助氏

齋豊三郎氏
石森久彌氏
金子伴次郎氏
李厚卿氏
權重顯氏
望月憲麿氏
尹致昊氏
戸田春藏氏
李康爀氏
梶原末太郎氏
田中友吉氏
野中健藏氏
山田龜太郎氏
中村誠氏
赤荻與三郎氏
金圭源氏

山副昇氏
釋尾春芿氏
朴圭三氏
切山篤太郎氏
韓昌洙氏
井上宜文氏
林田金次郎氏
川井昌一氏
李容汝氏
河村千治郎氏
田中丸治平氏
藏城松次郎氏
藤田安之進氏
近藤謙助氏
足立丈次郎氏
金錫泰氏

金明濬氏
篠崎半助氏
望月勉氏
佐藤虎次郎氏
本吉清一氏
張斗鉉氏
柳赫魯氏
高久敏男氏
中屋重樹氏
中村昇氏
高井兵三郎氏
裵東爀氏
李鍾翊氏
宋鍾憲氏
崔翰宇氏

三好和三郎氏
志岐信太郎氏
全聖旭氏
松本正寛氏
金寛鉉氏
元應常氏
澤田豊丈氏
井上清氏
久保薫一氏
伊東猛雄氏
尹甲炳氏
朴泓鎰氏
李允用氏
呉允煥氏
金鎮玉氏

宮崎吉太郎氏
廣江澤次郎氏
鈴木外次郎氏
賀田直治氏
金潤昌氏
史一煥氏
森悟一氏
井内勇氏
堤永市氏
飯泉幹太氏
尹徳榮氏
趙鼎允氏
李錫九氏
安淳煥氏
金相卨氏

進辰馬氏
森啓助氏
酒井順一氏
松本勝太郎氏
李圭完氏
閔奎植氏
矢鍋永三郎氏
吉村謙一郎氏
赤崎參輔氏
澤村九平氏
尹致昭氏
李鍾奭氏
李丙默氏
崔昌學氏
金暻中氏

朝鮮博覽會京城協贊會 趣意書

本秋を期して開會の運ひにあります朝鮮博覽會は實に朝鮮が持つ過去の偉大なる固有文化と近代二十年間に於ける半島統治の實績を表徵する空前の一大計畫てありまして寔に御同慶に禁へない次第てあり之を外にしては即ち朝鮮の眞相を中外に紹介し內地は勿論關係方面の知識經驗資本を輸入する最好機會てあり之を內にしては更に博覽會の成績を通して斯土百年の開發進步を企及し其の隆昌を庶幾せんとする最善の催してありまして洵に其の成否如何は半島二千萬民衆の福利增進上極めて重要なる關係を有しますので如上目的の完成を期せんか爲玆に京城協贊會を組織致たしまして協力一致朝鮮博覽會をして豫期の成功を收めしんことに專心協贊の實を擧けたい希望てありますれは何卒博覽會開設の效果をより大ならしむることを以て全府民協同の責務面目なりとし齊しく相倚り相扶けて本會趣旨の存する所を御賢察の上成績の擧揚に最大の御努力御援助を賜る樣偏に悃請に堪へない次第てあります

朝鮮博覽會京城協贊會

朝鮮博覽會京城協贊會會則

第一章　總　則

第一條　本會ハ朝鮮博覽會京城協贊會ト稱ス

第二條　本會ノ事務所ハ京城府內ニ置ク

第三條　本會ハ朝鮮博覽會ノ事業ヲ協贊シ其ノ成功ヲ助クルヲ以テ目的トス

第四條　本會ハ本會ノ目的ニ贊成スル有志者ヲ以テ組織ス

第五條　本會事業ノ概目左ノ如シ

一　委托ヲ受ケ朝鮮博覽會入場劵ノ販賣ニ關スルコト

二　各種賣店ノ設備及會場內ニ於ケル飮食店興業物並廣告等ノ處理ニ關スルコト

三　各種餘興ノ設備ニ關スルコト

四　繪葉書及案內圖書等ノ製作販賣ニ關スルコト

五　觀覽者ノ勸誘斡旋ニ關スルコト

六　船車旅館其ノ他ニ關シ觀覽者ノ便宜ヲ圖ルコト

七　來賓ノ接待ニ關スルコト

八　觀覽外國人ニ對シ通譯說明等ノ便宜ヲ圖ルコト

九　各種大會等ノ斡旋ニ關スルコト

一〇　名所舊蹟等ノ紹介ニ關スルコト

一一　右ノ外博覽會ノ成功ヲ助クル爲必要ナル事業

第六條　本會ノ經費ハ會員ノ醵出金、寄附金、補助金及其ノ他ノ收入ヲ以テ之ニ充ツ

第七條　本會經費ノ豫算ハ評議員會ノ決議ヲ經テ會長之ヲ執行ス

第八條　本會經費ノ決算ハ評議員會ノ承認ヲ經ルヲ要ス剩餘金ノ處分ニ付亦同シ

第九條　本會ハ朝鮮博覽會閉會後事務完了ト共ニ解散ス

第十條　會務ノ經過狀況及收支決算ハ之ヲ會員ニ報告ス

第二章

第十一條　本會會員ヲ別チテ左ノ五種トス

名譽會員　金五千圓以上ヲ醵出シタル者

有功會員　金千圓以上ヲ醵出シタル者

特別會員　金二百圓以上ヲ醵出シタル者

賛助會員　金五十圓以上ヲ醵出シタル者

正會員　金五圓以上ヲ醵出シタル者

第十二條　會長ハ常議員會ノ諮問ヲ經テ本會ニ功勞アル者ヲ表彰シ又ハ之ヲ名譽會員若ハ有功會員ニ推薦スルコトヲ得

第十三條　會員ニハ徽章ヲ交付シ別ニ定ムル方法ニ依リ優遇ヲ爲ス

第三章　役員

第十四條　本會ニ左ノ役員ヲ置ク

總裁	一名
顧問	若干名
相談役	若干名
參與	若干名
會長	一名
副會長	四名以內
理事長	一名
理事	十名以內
町洞委員	若干名
常議員	三十名以內
評議員	二百五十名以內

第十五條　總裁及顧問ハ評議員會ニ於テ之ヲ推戴ス

第十六條　相談役及參與ハ總裁之ヲ囑託ス

第十七條　會長及副會長ハ評議員會ニ於テ選擧ス

理事長及理事並町洞委員ハ會員若ハ會員外ノ者ヨリ會長之ヲ囑託ス

常議員ハ評議員ノ互選トス

評議員ハ發起人總會ニ於テ之ヲ選擧ス

第十八條　參與ハ本會ノ重要ナル事務ニ參與ス

第十九條　會長ハ會務ヲ總理シ本會ヲ代表ス

副會長ハ會長ヲ補佐シ會長事故アルトキハ之ヲ代理ス

理事長ハ會長ノ命ヲ承ケ會務ヲ掌理ス

理事ハ會長及理事長ノ命ヲ承ケ會務ヲ處理ス

町洞委員ハ會長ノ委囑ニ依リ町洞內ニ於ケル諸般ノ事務ヲ處辨ス

常議員ハ會長ノ諮問ニ應シ其ノ他會務ニ關シ意見ヲ開陳ス

評議員ハ會長ノ提出スル重要事項ノ協議ニ參與ス

第二十條　役員ハ名譽職トス但シ會務ノ爲ニ要シタル實費ヲ給スルコトアルヘシ

第二十一條　本會ニ事務員ヲ置クコトヲ得

事務員ハ有給又ハ名譽職トス

事務員ハ會長之ヲ囑託又ハ命免ス

第四章　會　議

第二十二條　常議員會及評議員會ハ會長之ヲ召集シ會長ヲ以テ議長トス

第二十三條　常議員會ハ臨時急施ヲ要スル事項ニ付評議員會ニ代リ議決ヲ爲スコトヲ得

第二十四條　會議ノ議事ハ出席議員ノ過半數ヲ以テ之ヲ決ス可否同數ナルトキハ議長之ヲ決ス

第五章　附　則

第二十五條　本會則施行ニ關シ必要ナル事項ハ會長之ヲ定ム

次に京城協贊會々則第十四條及第十七條により京城協贊會評議員選擧に移る、座長は評議員選擧は便宜上詮衡委員五名を選定し同委員に詮衡方を一任したしと諮り一同之に賛す

詮衡委員

馬野精一氏　渡邊定一郎氏　釘本藤次郎氏

有賀光豊氏　白寅基氏

以上五氏の詮衡委員に於て京城協贊會評議員二百五十名を選定す其の氏名左の如し

評議員氏名

（次第不同）

尹甲炳氏
尹致昭氏
岩井長三郎氏
石森久彌氏
林田金次郎氏
新田耕市氏
朴泳孝氏
朴準鎬氏
方台榮氏
土井一義氏
富野繁市氏
趙鼎允氏
張壽慶氏

尹德榮氏
井內勇氏
池田長兵衛氏
白完爀氏
西村福松氏
新田唯一氏
朴承稷氏
朴榮根氏
方奎煥氏
富井實太郎氏
土井リヨ氏
張憲植氏
張斗鉉氏

尹致昊氏
伊藤幾弌氏
池田長次郎氏
白寅基氏
西村宗一氏
新田留次郎氏
朴永根氏
朴泓鎰氏
堀內滿輔氏
戶嶋祐次郎氏
苫米地造酒彌氏
張基肇氏
沈友燮氏

尹宇植氏
伊藤大次郎氏
石原磯次郎氏
裵東爀氏
西崎源太郎氏
任興淳氏
朴榮喆氏
朴齊根氏
富田儀作氏
戶谷正路氏
趙鎮泰氏
張弘植氏
李鍾奭氏

李鍾翊氏
李鳳烈氏
李仁用氏
李圭完氏
李錫九氏
大村百藏氏
小川勝平氏
和田一郎氏
韓翼教氏
川井昌一氏
河內山樂三氏
吉村傳氏
高居瀧三郎氏
田川常治郎氏
棚橋惣五郎氏

李相協氏
李夏榮氏
李恒鍾氏
李慶世氏
李丙默氏
大庭讓太郎氏
奧山仙三氏
和田八千穗氏
加藤常美氏
金子伴次郎氏
賀田直治氏
高橋章之助氏
高木德彌氏
田中丸治平氏
武上安一氏

李相玉氏
李升雨氏
李達鎔氏
李蘭香氏
梁在昶氏
大橋正己氏
恩田銅吉氏
韓萬熙氏
加藤敬三郎氏
河合治三郎氏
梶原末太郎氏
高橋源六氏
田中三郎氏
田口耕平氏
瀧川靜江氏

李東善氏
李正珪氏
李允用氏
李海承氏
大村友之亟氏
小野久太郎氏
渡邊定一郎氏
韓相龍氏
川田又藏氏
河圭一氏
兼古禮藏氏
高井健次氏
田中半四郎氏
谷野滿藏氏
竹井三郎氏

宋　鍾憲氏
曾我　勉氏
中江富十郎氏
宇野要八氏
久保薫一氏
山田禎輔氏
大和與次郎氏
松岡正男氏
萬田喜平氏
藤井寛太郎氏
藤田米三郎氏
古城菅堂氏
小杉謹八氏
後藤虎雄氏
洪　炳般氏

宋　鎭雨氏
辻本嘉三郎氏
長野　肇氏
浦田多喜八氏
工藤武城氏
山口太兵衛氏
八坂卯三郎氏
前田　昇氏
眞木仙次郎氏
藤富國太郎氏
藤村忠助氏
小林藤右衛門氏
小泉貞造氏
權藤四郎介氏
吳　允煥氏

宋　在榮氏
都筑康二氏
成松　綠氏
野田源五郎氏
山本正三氏
山中松次郎氏
安川伊吉氏
增田三穗氏
元　悳常氏
藤井專兵衛氏
藤　貞市氏
小林源六氏
越川島吉氏
近藤謙助氏
吳　斗煥氏

曺　秉相氏
中村健太郎氏
武者錬三氏
釘本藤次郎氏
山崎鹿藏氏
山副　昇氏
馬野精一氏
益川熊一郎氏
嚴　柱益氏
藤田安之進氏
古城龜之助氏
小寺忠行氏
今野專壽氏
肥塚正太氏
黃　台淵氏

住井辰男氏
安藤靜氏
東淸二氏
青柳綱太郎氏
安培根氏
齋藤五吉氏
佐藤勝太氏
崔翰宇氏
金漢奎氏
金暻中氏
金昌斗氏
三上豊氏
島崎龍一氏
陣内茂吉氏
執行猪太郎氏

鄭完圭氏
有賀光豊氏
赤荻與三郎氏
淺野太三郎氏
安淳煥氏
佐藤半次郎氏
佐野彥藏氏
金季洙氏
金溶夏氏
金潤晶氏
金思演韋
宮崎吉太郎氏
島田忠作氏
白石巖氏
申錫雨氏

天日常次郎氏
有賀新一郎氏
荒井初太郎氏
秋山督次氏
安春敏氏
澤田豊丈氏
酒井順一氏
金鎭玉氏
金相卨氏
金錫晋氏
菊池謙讓氏
宮林泰司氏
志岐信太郎氏
釋尾春芿氏
申昇均氏

寺尾猛三郎氏
有馬純吉氏
阿部喜之助氏
淺川眞砂氏
齋藤久太郎氏
齊豊三郎氏
崔昌學氏
金寬鉉氏
金顯貞氏
金錫昊氏
切山篤太郎氏
光延丈成氏
篠崎半助氏
進辰馬氏
閔泳瓚氏

閔　溶　鎬氏　閔　大　植氏　閔　丙　奭氏　平井九一郎氏
平田智惠人氏　廣江澤次郎氏　森井與一郎氏　森　悟　一氏
本吉　清一氏　芮　宗　錫氏　芮　永　洙氏　全　聖　旭氏
瀨戸　多平氏　杉　山　久氏　鈴木　善八氏　鈴木外次郎氏
末森　富良氏　須藤久左衛門氏

以上の評議員中博覧會々期中死去せられたるは裵東爀氏朴泓鎰氏李夏榮氏高橋源六氏棚橋惣五郎氏小林藤右衛門氏執行猪太郎氏の七名なり

昭和三年九月二十一日京城府社會館に於て京城協賛會評議員會を開く、議長は先日發起人會の座長たりし釘本藤次郎氏に願ふことゝなし、同氏議長席に着き京城協賛會評議員會を開く旨を宣告す

議案左の如し

一　京城協賛會評議員詮衡の結果報告
一　各役員の選定
一　總裁及び顧問の推薦
一　會長副會長の選擧
一　常議員の選擧

以上の各案は詮衡委員十二名を議長にて指名せられ同委員に詮衡方を一任す

役員詮衡委員

馬野精一氏　有賀光豊氏　渡邊定一郎氏　釘本藤次郎氏
白寅基氏　武者錬三氏　肥塚正太氏　古城菅堂氏
田中半四郎氏　梁在昶氏　芮宗錫氏　朴承稷氏

昭和三年九月二十五日午後二時より京城府廳府尹應接室にて詮衡委員會を開く詮衡の結果左の如し

總裁其他役員氏名

總裁　侯爵朴泳孝氏　　顧問　加藤敬三郎氏
顧問　有賀光豊氏　　顧問　子爵閔丙奭氏
顧問　渡邊定一郎氏　　會長　馬野精一氏
副會長　古城菅堂氏　　副會長　西崎源太郎氏
副會長　韓相龍氏　　副會長　白寅基氏

常議員氏名

住所	氏名
唐珠洞二四	尹宇植氏
樂園洞二八三	白寅基氏
茶屋町一八五	朴準鎬氏
岡崎町七五	戸嶋祐次郎氏
昭格洞一四九	梁在昶氏
大和町二ノ一〇四	加藤常美氏
若草町四〇	田中半四郎氏
青葉町二ノ三三	成松綠氏
漢江通一三	浦田多喜人氏
本町二ノ一〇一	增田三穗氏
本町二ノ七六	古城龜之助氏
蓬萊町四ノ卆	肥塚正太氏
本町二ノ八	進辰馬氏
慶雲洞六四	閔大植氏

住所	氏名
漢江通一二	石原磯次郎氏
蓮池洞二七〇	朴承稷氏
公平洞一	方奎煥氏
壽松洞四六ノ二二	李升雨氏
嘉會洞九三	韓相龍氏
元町一	兼古禮藏氏
南米倉町七	辻本嘉三郎氏
大和町一ノ三七	武者錬三氏
本町二ノ五六	釘本藤次郎氏
北米倉町五三	藤村忠助氏
杏村洞一七一	古城菅堂氏
漢江通一一	陣内茂吉氏
花洞六五	申昇均氏
中學洞一八	森悟一氏

茶屋町一八四　芮　宗　錫　　壽松洞九九ノ一　全　聖　旭

會長馬野精一氏は昭和四年一月二十七日咸南道知事に轉勤せられ後任京城府尹松井房治郎氏一月二十七日開催の京城協賛會評議員會に於て會長に當選せられ同日就任

副會長西崎源太郎氏は四月二十七日白寅基氏は五月十六日病氣の爲め辭職せらる

相談役及參與囑託

昭和三年十月四日朴總裁は相談役及參與を左の如く囑託す

參與氏名

大和町二ノ一〇四　加　藤　常　美　氏　　若草町四〇　田　中　半　四　郎　氏

日の出町一五　武　上　安　一　氏　　櫻井町二ノ二〇二　曾　我　勉　氏

若草町一一〇　山　崎　鹿　藏　氏　　大和町一ノ四八　安　藤　靜　氏

大和町三ノ一九　赤　荻　與　三　郎　氏　　大和町二ノ一七　淺　野　太　三　郎　氏

並木町二四三　三　上　豊　氏　　光熙町一ノ三〇三　鈴　木　外　次　郎　氏

旭町一ノ二〇二　池　田　長　次　郎　氏　　本町二ノ一　堀　内　滿　輔　氏

旭町一ノ一二〇　富野繁市氏
明治町二ノ七〇　高井倢次氏
本町一ノ三六　高木徳彌氏
明治町一ノ六〇　瀧川靜江氏
本町二ノ一一　山本正三氏
本町二ノ八四　藤田米三郎氏
明治町一ノ一〇　小林藤右衛門氏
旭町一ノ一九二　白石巖氏
長谷川町五八　須藤久左衛門氏
古市町一七　土井一義氏
南米倉町二三　辻本嘉三郎氏
南大門通五ノ八　野田源五郎氏
岡崎町二　藤貞市氏
長谷川町六六　鈴木文次郎氏

本町二ノ三　川井昌一氏
黄金町二ノ一四九　高居瀧三郎氏
本町二ノ四五　田中三郎氏
本町二ノ八八　村上幸次郎氏
本町二ノ一〇一　増田三穂氏
本町二ノ六七　古城龜之助氏
旭町二ノ三九　佐藤勝太氏
本町一ノ五一　本吉清一氏

青葉町三ノ三〇　河合治三郎氏
南大門通三ノ九〇　都筑康二氏
北米倉町五三　藤村忠助氏
長谷川町七二　宮林泰司氏
和泉町二八　末森富良氏

漢江通リ六　伊藤大次郎氏
元町二ノ七七　富井實太郎氏
元町一ノ八七　大村百藏氏
青葉町二ノ三三　成松綠氏
漢江通リ一三　大和與次郎氏
漢江通リ一五　安部喜之助氏
漢江通リ八　島田忠作氏
漢江通一五　寺尾猛三郎氏
蓬萊町一ノ一三　朴永根氏
鍾路六ノ二〇　方台榮氏
嘉會洞四　張弘植氏
鍾路五ノ一〇〇　李康爀氏
黃金町二ノ一八九　李東善氏
齋洞六四　李恒鍾氏

漢江通リ一三　石原磯次郎氏
青葉町一ノ一二三　大村友之亟氏
漢江通リ七　田川常治郎氏
元町一ノ一〇〇　山田禎輔氏
元町二ノ五六　藤田安之進氏
榮町七　秋山督次氏
漢江通リ一一　陣内茂吉氏
需昌洞八　朴榮根氏
公平洞一　方奎煥氏
長橋町五九　張斗鉉氏
漢江里五四八　李鳳烈氏
都染洞四　李仁用氏
武橋町一三　李海承氏

住所	氏名
安國洞一七	韓萬熙氏
黃金町一ノ一八一	曺秉相氏
通義洞八三ノ一	吳台煥氏
壽松洞四六ノ七	鄭完圭氏
瑞麟洞一三三	崔悳氏
中林洞一五五	金思演氏
茶屋町一八四	芮宗錫氏
太平通一	岩城信太郎氏
三坂通一四二	多田隆吉氏
水標町八九	吳斗煥氏
諫洞一ノ九	韓翼敎氏
忠信洞一	元悳常氏
內資洞一八五	李東爀氏
三角町六一	安淳煥氏
水下町一二	金漢奎氏
淸進洞一四三	閔溶鎬氏
大和町三ノ八	奧山仙三氏
黃金町五ノ一九	森岡收氏

相談役氏名

住所	氏名
鍾路六ノ一一五	尹甲炳氏
堅志洞六八	尹致昊氏

旭町二ノ四九　井内勇氏
大和町三ノ六　石森久彌氏
瑞麟洞九六　白完爀氏
旭町二ノ六九　西村宗一氏
吉野町一ノ一三八　新田唯一氏
昭格洞一四四　朴榮喆氏
古市町鐵道官舍　戸田直温氏
嘉會洞四　張憲植氏
鍾路五ノ三三四　李圭完氏
旭町二ノ七二　恩田銅吉氏
旭町一ノ一〇九　金子伴次郎氏
西小門町五五　高橋章之助氏
岡崎町三四　田口耕平氏
太平通リ一官舍　中村寅之助氏

古市町三五　齊豊三郎氏
南山町二ノ九　井上清氏
西小門官舍五　張間源四郎氏
櫻井町一ノ一三六　新田耕市氏
南米倉町二八一　新田留次郎氏
黃金町一ノ一六二　富田儀作氏
堅志洞四四　趙鎭泰氏
花洞一三八　李相協氏
長谷川町八四　小野久太郎氏
旭町二ノ六六　和田一郎氏
錦町一三　河内山樂三氏
太平通リ官舍　田中武雄氏
苑洞七四　宋鎭雨氏
南山町三ノ一一　中原鐵臣氏

大和町一ノ三七　武者錬三氏
南山町二ノ二六　山口太兵衛氏
旭町一ノ一九四　牧山正徳氏
本町一ノ四一　益川熊一郎氏
齋洞五三　元應常氏
旭町一ノ官舍二一　兒島高信氏
永樂町二ノ七二　權藤四郎介氏
大和町三ノ二〇　有馬純吉氏
黄金町二ノ一四八　青柳綱太郎氏
三坂通リ一〇一　齋藤久太郎氏
西小門町七五　澤田豊丈氏
貫鐵洞一一九　金寛鉉氏
弼雲洞一七四　金潤晶氏
旭町一ノ四　島崎龍一氏
蛤洞四四　釋尾春芿氏

高陽郡漢芝面馬場里七五九　山内伊平氏
南大門通リ二ノ一三　山副昇氏
吉野町一ノ一　松岡正男氏
苑南洞一四九　前田昇氏
旭町一ノ一四二　藤井寛太郎氏
南大門通リ二ノ一三　小林源六氏
南米倉町八　天日常次郎氏
漢江通リ一三　荒井初太郎氏
本町四ノ一二五　淺川眞砂氏
櫻井町一ノ九八　齋藤五吉氏
鳳翼洞一四一　金季洙氏
積善洞三三　金明濬氏
三坂通リ一〇五　菊池謙讓氏
日ノ出町一三　志岐信太郎氏
本町二ノ八　進辰馬氏

水標町六七　　申　錫　雨　氏　　寛勳洞一九八　　閔　大　植　氏
旭町一ノ一四九　　住　井　辰　男　氏　　崇二洞二二五　　宮　舘　貞　一　氏

京城協賛會々長馬野精一氏は昭和三年十月二十日理事長、理事、町洞委員を囑託す其の氏名左の如し

理事長並理事氏名

理　事　長　　釘本藤次郎氏　　理　事（總務部）　　吉　村　傳　氏
理　事（會計部）　　高　橋　源　六　氏　　同（勸誘部兼會計部）　　肥　塚　正　太　氏
理　事（勸誘部）　　梁　在　昶　氏　　理　事（設備部）　　中　村　誠　氏
理　事（設備部）　　申　昇　均　氏　　同（接待部兼設備部）　　中　屋　重　樹　氏
理　事（接待部）　　李　升　雨　氏　　理　事（餘興部）　　戸　島　祐　次　郎　氏
理　事（餘興部）　　全　聖　旭　氏

理事高橋源六氏は昭和四年十月二十五日死去せらる其後會計部事務は專ら理事肥塚正太氏にて處理せられたり

町洞委員氏名

（昭和四年十一月現在）

旭町一丁目　　神　崎　此　助　氏　　旭町二丁目　　田　端　俊　純　氏

本町一丁目　佐野彦藏氏
同　三丁目　橋詰庄太郎氏
同　五丁目　香山桃坪氏
南大門一、二丁目　小林源六氏
長谷川町　安東貞一郎氏
吉野町一丁目　矢崎信重氏
蓬萊町一丁目　升田亮一氏
同　四丁目　張鎮遇氏
和泉町　末森富良氏
太平通二丁目　西崎源太郎氏
明治町一、二丁目　小林藤右衛門氏（死亡）
本町二丁目　林田金次郎氏
永樂町一丁目　村上龍藏氏
若草町　山崎鹿藏氏
大和町一丁目　安藤静氏

本町二丁目　増田三穗氏
同　四丁目　岩見乙松氏
南米倉町　辻本嘉三郎氏
南大門通三、四丁目　小杉謹八氏
北米倉町　工藤武城氏
古市町　松本豊作氏
蓬萊町二、三丁目　金俊培氏
南大門通五丁目
御成町　戸田正夫氏
太平通一丁目　多田順三郎氏
西小門町　田中丸治平氏
明治町一、二丁目　小川勝平氏（後任）
南山町三丁目　江川文吉氏死亡後任　中原鐵臣氏
永樂町二丁目　向田喜三郎氏
日ノ出町　武上安一氏
大和町二丁目　松本清次郎氏

櫻井町一丁目　岡本岩三郎氏
東四軒町　谷岡五三郎氏
並木町　三上豐氏
武橋町　李鳳仁氏
三角町　咸錫泰氏
黃金町一丁目　岩田鼎氏　白樂三氏
同　三丁目　關根金作氏
同　五丁目　前國宗氏
水標町　吉本惠七氏
林町　下森菊藏氏
初音町　野中健造氏
舟橋町　大場景一氏
光熙町一丁目　金敬熙氏
蛤洞　三好鱗造氏
西界洞　趙應煥氏

櫻井町二丁目　井本眞一氏
西四軒町　中川與市氏
新町　塚崎由太郎氏
茶屋町　芮宗錫氏
長橋町、水下町　松本半藏氏
黃金町二丁目　高居瀧三郎氏
同　四丁目　木村淺吉氏
同　七丁目　金完俊氏
笠井町　竹村義忠氏
花園町　加藤鶴松氏
義州通一、二丁目　吉野新平氏
芳山町　古林清太氏
光熙町二丁目　張淳明氏
中林洞　李海範氏
貫鐵洞　朴基鴻氏

鍾路一丁目、瑞麟洞　張　基　鴻氏
仁寺洞、鍾路二丁目　洪　般　柱氏
清進洞　韓　冕　鎬氏
昭格洞　梁　在　昶氏
體府洞　尹　志　相氏
玉仁洞　韓　昇　源氏
觀水洞　趙　光　鎬氏
鍾路三丁目　金　世　亨氏
樂園洞　金　性　璂氏
薫井洞　柳　台　錫氏
苑　洞　黃　天　秀氏
嘉會洞　許　璡氏
寬勳洞　徐　廷　岳氏
安國洞　安　俊　永氏
花　洞　高　羲　天氏

堅志洞、公平洞　張　基　肇氏
壽松洞　全　聖　旭氏
諫　洞　李　範　七氏
光化門通リ　金　昌　燁氏
通義洞　張　潤　圭氏
孝子洞　丁　勉　燮氏
長沙洞　崔　翰　宇氏
敦義洞　石　珩　煥氏
雲泥洞　金　峻　鎬氏
勸農洞　李　載　昇氏
桂　洞　金　永　漢氏
益善洞、慶雲洞　文　鎔　澤氏
齋　洞　秦　馥氏
八判洞　鄭　仁　好氏
三清洞　成　岐　鎬氏

樓上洞　劉　永　烈氏
西大門二丁目　李　寅　榮氏
橋南洞　金　仁　培氏
唐珠洞　申　商　雨氏
需昌洞　李　枝　盛氏
社稷洞　鄭　圭　煥氏
竹添町三丁目　金　奉　鉉氏
紅把洞　高　濟　豊氏
玉川洞　金　榮　穆氏
禮智洞　金　永　斗氏
蓮池洞　金　元　濟氏
惠化洞　金　振　聲氏
東崇洞　安　元　伯氏
忠信洞　吉　弘　式氏
鍾路六丁目　太　應　善氏

西大門一丁目　辛　弦　植氏
松月洞　黄　普　淵氏
竹添町一丁目　陳　永　相氏
內資洞　李　東　爀氏
都染洞　李　哲　煥氏
弼雲洞　朴　海　遠氏
橋北洞　李　光　夏氏
館　洞　韓　錫　基氏
冷　洞　李　源　哲氏
鍾路四丁目　朴　承　夔氏
苑南洞　金　翊　天氏
崇二、三、四洞　金　泰　薰氏
孝悌洞　朴　疇　明氏
鍾路五丁目　李　康　爀氏
昌信洞　朴　漢　英氏

崇仁洞　梁奎煥氏
青葉町三丁目　文敬善氏
元町一丁目　岸達之助氏
同　三丁目　海田伊太郎氏
漢江通リ一區　伊藤大次郎氏
同　三區　栗本正隆氏
同　五區　宮崎吉太郎氏
同　七區　竹内菊太郎氏
彌生町　伊藤幾弌氏
淸水町、山手町　上原徹吉氏
榮町　椋橋八十吉氏
麻浦洞　金溶根氏
二村洞　丸山矢之助氏
練兵町　光延丈成氏
竹添町二丁目　杉山久氏

青葉町一、二丁目　金學洙氏
三坂通リ　野村實氏
元町　二丁目　岩田千春氏
元町四丁目、岩根町　西村利平氏
漢江通二區　石原磯次郎氏
同　四區　椋木彥五郎氏
同　六區　蒲原嘉津太氏
岡崎町　雜賀元勝氏
錦町　富田寅之助氏
大島町　近藤秋次郎氏
京町　出分喜四郎氏
舊桃花洞　李泰亨氏
新桃花洞　富田兵藏氏
峴底洞　吳泓根氏
吉野町二丁目　町田長作氏

中學洞　崔東燮氏　漢江通リ八區　鉅鹿曉太郎氏
大和町三丁目　三澤佐四郎氏　黄金町六丁目　杉市郎平氏

開會前の施設

豫算の編成

昭和三年十一月八日理事會を京城府廳府尹應接室に開き京城協賛會收支豫算の編成に着手し同年十二月十五日同案を京城協賛會常議員會に諮り同意を得たるを以て該案を同年十二月二十二日京城府社會館にて開催せし評議員會に附し審議決定せり

朝鮮博覽會京城協賛會收支豫算

歳入之部

款	項	豫算額	摘要
補助金		九〇、〇〇〇円	
	國庫補助	五〇、〇〇〇	
	京城府補助	三〇、〇〇〇	
	商業會議所補助	一〇、〇〇〇	

款	項	豫算額
使用料		一四一、〇〇〇円
	土地建物使用料	六一、〇〇〇
	廣告料	四〇、〇〇〇
	電燈電話瓦斯水道料	四〇、〇〇〇
不用品賣却代		二〇、〇〇〇
	不用品賣却代	二〇、〇〇〇
雜收入		一〇、〇〇〇
	子供ノ國入場料	五、〇〇〇
	繪葉書案内書賣上代其ノ他	五、〇〇〇
入場料		二二五、〇〇〇
	入場券賣上代	二二五、〇〇〇
寄附金及會費		二五〇、〇〇〇
計		**七三六、〇〇〇**

歳出之部

款	項	豫算額	摘要
事務費		五一、〇〇〇円	
	事務員給	一一、七五〇	〇有給囑託一人一ヶ月二百五十圓五ヶ月千二百五十圓 〇有給事務員延三千日一日二圓五十錢七千五百圓 〇有給女事務員延二千日一日一圓五十錢三千圓
	傭人料	一、五〇〇	〇小使延四百五十日一日一圓五十錢六百七十五圓 〇給仕延四百五十日一日七十錢三百十五圓 〇臨時傭人延五百十人一日一人一圓五百十圓

會員及寄附金募集費

工事費

需用費	一二、二五〇	○自動車二臺五千圓 ○備品消耗品三千圓 ○通信運搬費三千圓 ○電燈瓦斯水道費五百圓 ○女事務員傭人被服費五十人分一人分十五圓七百五十圓
雜給	五、五〇〇	○有給事務員及傭人賞與四千五百圓 ○時間外勤務手當及宿直賄料一千圓
雜費	二〇、〇〇〇	○諸謝金實費辨償其ノ他雜費
	二〇、〇〇〇	
會員及寄附金募集費	二〇、〇〇〇	
	二一九、一〇〇	
演藝館	二六、〇〇〇	○建坪三百坪一坪七十圓二萬一千圓 ○設備費五千圓
野外劇	二、五〇〇	○設備費
廣告場	三九、〇〇〇	○廣告阪一千坪一坪三十圓三萬圓 ○廣告塔三ケ所一ケ所三千圓九千圓
賣店	二五、〇〇〇	○建坪五百坪一坪五十圓二萬五千圓
食堂	六、〇〇〇	○建坪百坪一坪六十圓六千圓
飲食店	二〇、〇〇〇	○建坪四百坪一坪五十圓二萬圓
喫茶店	一〇、〇〇〇	○建坪二百坪一坪五十圓一萬圓
休憩所	一〇、〇〇〇	○建坪二百坪一坪五十圓一萬圓
手荷物預所	一、六〇〇	○建坪四十坪一坪四十圓一千六百圓
便所	四、〇〇〇	○建坪五十坪一坪八十圓四千圓
電燈電力	一〇、〇〇〇	
瓦斯	五、〇〇〇	

費目	細目	金額	備考
	水道	五、〇〇〇	
	電話	五、〇〇〇	
	歡迎門	一〇、〇〇〇	五ケ所一ケ所二千圓
	雜構物	五、〇〇〇	
	裝飾費	二〇、〇〇〇	
	設計監督費	一五、〇〇〇	
電燈電話瓦斯水道費		一〇、〇〇〇	
	電燈電話瓦斯水道費	一〇、〇〇〇	
接待費		三〇、〇〇〇	
	接待費	三〇、〇〇〇	
各種大會費		三〇、〇〇〇	
	體育大會費	一〇、〇〇〇	
	各種大會費	二〇、〇〇〇	
餘興費		六〇、〇〇〇	
	子供ノ國	一〇、〇〇〇	
	各種デー	二〇、〇〇〇	
	各種演藝費	二〇、〇〇〇	
	其他	一〇、〇〇〇	
宣傳費		二〇、〇〇〇	

科目	細目	金額
	各種宣傳費	二〇、〇〇〇
印刷費		四一、〇〇〇
	各種印刷費	四一、〇〇〇
徽章費		五、〇〇〇
	各種徽章費	五、〇〇〇
入場料納付金		二二五、〇〇〇
	入場料納付金	二二五、〇〇〇
豫備費		二四、九〇〇
計		七三六、〇〇〇

○會場案內圖十萬枚一枚八錢八千圓
○繪葉書十萬組一組十五錢一萬五千圓
○京城案內二萬册一册二十錢四千圓
○名所舊蹟案內二萬册一册二十錢四千圓
○報告書五千册一册一圓五千圓
○優待券其ノ他五千圓

京城協贊會諸規程及細則、人事

理事會にて協議決定せし諸規程及び細則左の如し

朝鮮博覽會京城協贊會處務規程

第一章　總則

第一條　本會ニ左ノ部ヲ置ク

総務部
會計部
勸誘部
設備部
接待部
餘興部

第二條　各部ニ主任ヲ置キ理事ヲ以テ之ニ充ツ

第三條　主任ハ會長及理事長ノ命ヲ承ケ部ノ事務ヲ掌リ部員ヲ指揮ス

部員ハ上司ノ命ヲ承ケ事務ニ從事ス

第四條　文書ハ總テ會長名又ハ會名ヲ以テ發送スルモノトス

第五條　主任ハ其ノ主管事務ニ付主任名又ハ部名ヲ以テ各部相互ニ照覆スルコトヲ得

第二章　事務分掌

第六條　各部ノ事務分掌左ノ如シ

總務部

一、豫算ニ關スル事項

一、會議ニ關スル事項

一、役員及事務員其ノ他人事ニ關スル事項

一、會印ノ管守ニ關スル事項

一、諸規定及記錄ニ關スル事項

一、文書ノ收發及保存ニ關スル事項

一、報告ニ關スル事項

一、繪葉書及案内圖書等ノ發行ニ關スル事項

一、宿直ニ關スル事項

一、警備ニ關スル事項

一、他部ノ主管ニ屬セサル事項

會計部

一、出納ニ關スル事項

一、決算ニ關スル事項

一、工事ノ請負勞力ノ供給物件ノ賣買貸借契約ニ關スル事項

一、土地建物ノ賃貸廣告料ノ徵收等ニ關スル事項

一、諸入場劵ノ販賣ニ關スル事項
一、繪葉書及案內圖書等ノ發賣ニ關スル事項

勸誘部

一、會員ノ募集ニ關スル事項
一、寄附金ノ募集ニ關スル事項
一、觀覽者ノ勸誘ニ關スル事項
一、各種大會ノ開催ニ關スル事項
一、宣傳ニ關スル事項

設備部

一、市內ノ裝飾ニ關スル事項
一、會場內外ノ裝飾ニ關スル事項
一、事務所ノ設備ニ關スル事項
一、演藝館、休憩所等ノ設備ニ關スル事項
一、遊戲場、興行物、賣店、飲食店、廣告臺等ノ配置及設備ニ關スル事項
一、會場內ニ於ケル電燈、瓦斯、水道ノ引込其ノ他ノ設備ニ關スル事項

一、其ノ他一切ノ設備ニ關スル事項

接待部

一、船車、旅館其ノ他ニ關シ觀覽者ノ便宜ヲ圖ル事項
一、手荷物預所ニ關スル事項
一、休憩所ニ關スル事項
一、會員ノ優遇ニ關スル事項
一、一般ノ接待及觀覽外國人ノ通譯等ニ關スル事項
一、市內及附近視察ノ斡旋ニ關スル事項
一、朝鮮事情ノ紹介ニ關スル事項
一、名所、舊蹟等ノ紹介ニ關スル事項
一、應急救護ニ關スル事項

餘興部

一、演藝館、野外劇場等ノ演技ニ關スル事項
一、遊戲場、諸興行物ニ關スル事項
一、各種催物ニ關スル事項

一、市內ノ般賑ニ關スル事項

第三章　文書ノ取扱

第七條　本會ニ到達スル文書ハ總テ總務部ニ於テ收受シ文書件名簿（第一號様式）ニ登錄ノ上同一ノ年月日及番號ヲ本書ニ記載シ文書配付簿（第二號様式）ニ依リ主任ニ配付シ其ノ認印ヲ受クヘシ但シ印刷物ハ印刷物配付簿（第三號様式）ニ記入配付スヘシ

第八條　親展文書、書留文書及電信ハ總務部ニ於テ收受シ親展文書配付簿（第四號様式）書留文書配付簿（第五號様式）電信配付簿（第六號様式）ニ相當記入ヲナシ封緘ノ儘名宛人ニ配付スヘシ

前項文書及電信ノ配付ヲ受ケタルモノハ之ヲ開封シタル上總務部ニ送附シ第七條ニ依リ處理スヘシ

第九條　文書ニ添付シタル金券物品アルトキハ文書件名簿及文書ノ欄外ニ其ノ旨ヲ記載シ金券ハ會計部主任ニ物品ハ主務部主任ニ配付シ文書配付簿ノ附屬物ノ欄ニ受領印ヲ受クヘシ

第十條　各部主任ニ於テ文書ノ配付ヲ受ケタルトキハ自ラ處分案（第七號様式）ヲ起シ又ハ部員ニ命シテ起案セシメ決裁ヲ受クヘシ

但シ重要若ハ違例ト認ムルモノハ處理着手前一應會長ニ供閲スヘシ

第十一條　輕易ナル事件ニ付テハ文書ノ欄外ニ處分案ヲ記載シテ決裁ヲ受クヘシ

第十二條　處分ヲ要セサル文書ハ供覽ニ付スヘシ

第十三條　新發案ニ係ルモノハ第十條ニ準シ處理スヘシ
第十四條　議案ハ簡明ニシテ字劃明瞭ナルコトヲ要ス字句ヲ訂正加除シタルトキハ當該者之ニ檢印スヘシ
第十五條　他部ニ關係スル事件ハ其ノ部ニ合議又ハ囘覽スヘシ
第十六條　秘密ヲ要スル議案ニハ「秘」ノ記號ヲ附スヘシ
第十七條　會長事故アル場合ニ代決シタル事件ハ事後遲滯ナク會長ノ後閲ニ供スヘシ
第十八條　秘密親展若ハ書留郵便等特別ノ取扱ヲ要スルモノハ議案ニ其ノ旨記載スヘシ
第十九條　決裁ヲ經タル議案ニシテ發送ヲ要スルモノハ總務部ニ於テ淨書校合ノ上直ニ其ノ手續ヲナスヘシ
但シ別紙別表ノ類ハ主務部ニ於テ淨書校合ノ上之ヲ總務部ニ送付スヘシ
第二十條　總務部ニ於テ文書ヲ發送セムトスルトキハ文書件名簿ニ相當記入ヲナシ且文書及議案ニ番號及施行ノ年月日ヲ記載スヘシ
宿直員ヨリ發送濟議案ノ囘附ヲ受ケタルトキハ前項ニ準シ處理スヘシ
施行濟ノ議案ハ直ニ主務部ニ返付スヘシ
第二十一條　發送文書ニ添付スヘキ金劵物品アルトキハ議案ノ欄外ニ金劵又ハ物品添付ノ旨ヲ記載シ且

金劵送付簿（第八號様式）物品送付簿（第九號様式）ニ相當記入ノ上總務部ニ送付シ受領者ノ認印ヲ受クヘシ

第二十二條　文書ヲ發送スルトキハ郵便ニ附セサルモノハ使送簿（第十號様式）ニ相當記入ヲナシ受領者ノ認印ヲ受ケ郵便又ハ電信ニ附スルモノハ郵便物及電信發送簿（第十一號様式）ニ相當記入ヲナスヘシ

第二十三條　決裁ヲ受ケタル文書ニシテ執務時間外ニ發送ヲ要スルモノハ起案者ニ於テ淨書校合シ議案ト共ニ宿直員ニ回附スヘシ

第二十四條　未決文書ハ退出ノ際各部毎ニ之ヲ取纏メ他ノ文書ト區別シ一定ノ場所ニ收藏スヘシ

第二十五條　完結シタル文書ハ主務部ニ於テ文書ノ欄外ニ「完結」ノ符號ヲ附シ之ヲ類別編纂シテ保存スヘシ

第四章　服務

第二十六條　職員ハ本會則及處務規程ニ遵ヒ執務ノ敏活ヲ圖リ事務ノ澁滯ナキヲ期スヘシ

第二十七條　執務時間ハ朝鮮博覽會ノ執務時間ニ依ル

第二十八條　職員出勤シタルトキハ自ラ出勤簿ニ捺印スヘシ

第二十九條　病氣其ノ他ノ事故ニ依リ出勤シ能ハサルトキハ出勤簿時刻迄ニ其ノ旨屆出ツヘシ

病氣缺勤七日ニ及フモノハ醫師ノ診斷書ヲ添ヘ屆出ツヘシ

第三十條　執務時間中病氣其ノ他ノ事故ニ依リ退出セムトスルトキハ主任ノ許可ヲ受クヘシ

第三十一條　職員出張ヲ要スルトキハ出張命令簿（第十二號樣式）ヲ用フヘシ

第三十二條　職員出張ノ用務ヲ了リ歸所シタルトキハ直ニ復命スヘシ

第三十三條　職員出張中已ムヲ得サル事故ニ依リ命令事項ノ變更ヲ要スト認ムルトキハ其ノ事由ヲ具シ會長ノ指揮ヲ受クヘシ

第三十四條　博覽會、本會事務所及其ノ近傍ニ出火其ノ他非常ノ變災アルトキハ速ニ參集シ上司ノ指揮ニ從ヒ應急ノ措置ヲナスヘシ

第三十五條　執務時間外ニハ宿直ヲ置ク宿直ハ事務員ノ中若干名順番ヲ以テ之ニ充ツ

新任者アルトキハ順次末尾ニ加フルモノトス

宿直員ハ文書其ノ他ノ受付配付發送及所內ノ取締ヲナスモノトス

第三十六條　宿直中取扱ヒタル事項ハ宿直日誌（第十三號樣式）ニ記載シ翌朝必ス主任ノ閱覽ニ供スヘシ

第一號樣式

文書件名簿

番號	月	日	本書			差出元	宛名	件名	處理	備考
			月	日	番號					

備考　一、收受ハ黑、發送ハ赤トス
　　　二、附屬物アルトキハ備考欄ニ記入ス
　　　三、件名簿ニ記載セル文書ニハ日附印ヲ捺ス

第二號樣式

文書配付簿

月	日	番號	件數	附屬物	受領印	備考

備考　一、黑ハ收受、赤ハ議案返付トス

第三號樣式

印刷物配付簿

月日	印刷物		受入	配付	受領印	備考
	名稱	號數				

第四號樣式

親展文書配付簿

月日	宛名	差出人	受領印	備考

備考　一、書留文書ニシテ親展ノ記號アルモノハ親展文書配付簿ニ記載ス

第五號樣式

書留文書配付簿

月	日	宛名	差出人	受附局名	番號	受領印	備考

備考　一、親展文書ニシテ書留ナル場合ハ親展文書收受簿ニ記載ス

第六號樣式

電信配付簿

月	日	宛名	差出人	受領印	備考

第七號樣式

施行上ノ注意

昭和　年　月　日收受

昭和　年　月　日起案

文書番號

淨書

校合

發送

副會長

理事長

總務部主任

會計部主任

部主任

會長

起案者

件名

京城…會
4. 2. 8
第　號

第八號様式

金券送付簿

月	日	宛名	差出人	金券				受領印	備考
				種類	番號	金額			
						円	錢		

第九號様式

物品送付簿

月	日	宛名	差出人	種類	數量	受領印	備考

第十號様式

使送簿

月	日	宛名	差出人	文書番號（種別）	數量	附屬物	受領印

第十一號様式

郵便物及電信發送簿

月	日	摘要	受入	拂出			殘高	主任印
				種類	數量	金額		
			円			円	円	

第十二號樣式

出張命令簿

月日	會長	理事長	會計部主任	主任	出張用務及場所	月日出發 月日歸着	職名	氏名
月　日						月　日出發 月　日到着		
月　日						月　日出發 月　日到着		
月　日						月　日出發 月　日到着		
月　日						月　日出發 月　日到着		
月　日						月　日出發 月　日到着		
月　日						月　日出發 月　日到着		
月　日						月　日出發 月　日到着		
月　日						月　日出發 月　日到着		

第十三號樣式

主務者㊞

……㊞

宿直日誌
月　日　曜日　　天候
宿直員　氏　名㊞
同
同
巡視……
小使……
記事
一、收受文書
一、……

第十四號樣式

郵便切手受拂簿

月日	何錢切手			何錢切手			省略	何錢切手			何錢切手			主任印
	受	拂	殘	受	拂	殘		受	拂	殘	受	拂	殘	

會計規程

第一條　本會ノ金錢及物品ハ總テ會長ノ承認ヲ得ルニ非サレハ一切出納スルコトヲ得ス但シ會長ヨリ特ニ委任シタル事項ニ付テハ此ノ限ニ在ラス

第二條　本會計ニ於テハ補助金、使用料其ノ他收入金ノ收入濟額ヲ以テ支拂元受高トシテ經費ニ支出スルハ此ノ元受高ヲ超過スルコトヲ得ス但シ事業執行上止ムヲ得難キトキハ爾後ノ收入確實ナル見込アル場合ニ限リ會長ノ承認ヲ經テ其ノ收入見込額ヲ限度トシ經費支出ノ豫約ヲナスコトヲ得

第三條　本會ハ收入ヲ得ル迄ノ支出ニ充ツル爲理事會ノ決議ニ依リ會長ノ承認ヲ經テ一時ノ借入金ヲ爲

スコトヲ得、借入金ハ爾後收入アリタルトキハ直ニ之ヲ償還スヘシ

第四條　收入金ハ收入傳票（第一號樣式）ヲ以テ之ヲ收納シ納人ニ對シ領收證ヲ交付シ現金ハ直ニ當座預金ニ拂込ムヘシ

勸誘部ニ於テ寄附金又ハ會費醵出ノ承諾ヲ受ケタルトキハ遲滯ナク其ノ金額氏名ヲ會計部ニ通知スヘシ

賣店其ノ他土地建物ノ賃貸料及水道、電話、電燈、瓦斯、廣告臺等ノ使用料ハ必ス前金ヲ以テ之ヲ收納スヘシ

第五條　支出ハ小切手ヲ以テ之ヲ支拂ヒ受取人ヨリ領收證ヲ徵スヘシ

收入シタル現金ヲ以テ直ニ經費ノ支拂ニ充ツルコトヲ得ス

第六條　會長ニ於テ必要アリト認ムルトキハ會計部主任理事又ハ會計部所屬ノ事務員ニ對シ現金ノ前渡ヲ爲シ經費ノ支拂ヲ爲サシムルコトヲ得

第七條　各部ニ於テ經費ヲ要スヘキ事業ヲ施行セムトスルトキハ其ノ費額及所要ノ事由ヲ記載シ會計部ニ合議ノ上會長ノ決裁ヲ受クヘシ

會計部ニ於テ物品ヲ購入シ又ハ經費ノ支出ヲ爲サムトスルトキハ購入及支出決議書（第二號樣式）ニ依リ會長ノ決裁ヲ受クヘシ

各部ニ於テ物品ノ購入ヲ要スルトキハ物品購入要求書（第三號樣式）ニ依リ會計部ニ要求スヘシ

第八條　金錢及物品ノ出納並經費ノ豫約ニ關スル會長ノ委任事項左ノ如シ

理事長ヘ委任ノモノ

一件ノ金額千圓以上一萬圓以內ノ金錢ノ出納

一件ノ金額五百圓以上五千圓以內ノ經費ノ豫約

會計部主任理事ヘ委任ノモノ

一件ノ金額千圓以內ノ金錢ノ出納

一件ノ金額五百圓以內ノ經費ノ豫約

物　品　出　納

第九條　工事ノ請負、勞力ノ供給、物件ノ賣買貸借ハ總テ競爭入札ニ附スヘシ

但シ無制限ノ競爭入札ニ附スルヲ不利ト認ムルトキハ當業者二名以上ヲ指名シ競爭入札ニ附スルコトヲ得

賣店其ノ他土地建物ノ貸借及水道、電話、電燈、瓦斯、廣告臺等ノ使用契約ニ關シテハ別ニ之ヲ定ム

第十條　左ノ場合ニ於テハ隨意契約ニ依ルコトヲ得

一、契約ノ性質又ハ目的カ競爭ヲ許サヽルトキ

二、急迫ノ際競爭ニ附スルノ暇ナキトキ
三、入札ニ附スルモ入札者ナキトキ又ハ同一條件ヲ以テ再入札ニ附スルモ落札者ナキトキ
四、工事請負者ニ追加工事ヲ請負ハシムルトキ
五、五千圓ヲ超エサル工事若ハ製造ヲ爲サシムルトキ
六、總額千五百圓ヲ超エサル物件ノ借入ヲ爲ストキ
七、豫定代價千圓ヲ超ヘサル財産ノ賣拂ヲ爲ストキ
八、前三號以外ノ契約ニシテ其ノ金額二千圓ヲ超エサルトキ

第十一條　入札ノ際ハ入札見積金額ノ百分ノ五以上契約ノ際ハ契約金額ノ百分ノ十以上ノ保證金ヲ徴スヘシ但シ指名入札又ハ隨意契約ノ場合ハ保證金ヲ徴セサルコトヲ得

第十二條　會計部主任理事ハ收支ノ計算及物品ノ出納ヲ明ニスル爲收入簿（第四號樣式）支出簿（第五號樣式）現金出納簿（第六號樣式）及物品出納簿（第七號樣式）ヲ備ヘ證憑書ト共ニ之カ整理ヲ爲スヘシ

第十三條　常議員ハ何時ニテモ本會計ノ帳簿書類ヲ閲覽シ其ノ説明ヲ求ムルコトヲ得

第十四條　本會計ノ決算ハ協賛會ノ事務終了後三月以内ニ殘務ヲ終了シ理事會ノ決議ヲ經テ其ノ成案ヲ作リ評議員會ノ承認ヲ受ケ會員ニ報告スヘシ

第一號樣式

收入傳票

昭和　　年　　月　　日

科目	摘要	金額	
合計			

會長	理事長	會計部主任	會計部	取扱者

收入簿	出納簿

購入及支出決議書

購入

會長　理事長　總務部主任　會計部主任　係

發議　昭和　年　月　日

支出簿記登　昭和　年　月　日

注文　昭和　年　月　日

現品持込　昭和　年　月　日

納入濟檢査　昭和　年　月　日

物品出納簿記登　昭和　年　月　日

本物品拙者ヘ供給御下命ノ上ハ承諾事項其ノ他本書記載ノ事項總テ承諾可仕候也

昭和　年　月　日

住所

供給者

電話　番

支出

會長　理事長　會計部主任　係

發議　昭和　年　月　日

小切手發行　昭和　年　月　日

現金出納簿記登　昭和　年　月　日

小切手番號　第　號

京城協賛會支出金

款

項

本書ノ金額請求ス　昭和　年　月　日

本書ノ金額領收ス

昭和　年　月　日

一金

物品納付期限　昭和　年　月　日

物品納付場所

內譯

品目	種別、品質形狀、寸法	數量	單位呼稱	單價	金額	備考
				円	円	

品目	種別、品質形狀、寸法	數量	單位呼稱	單價	金額	備考
				円	円	

承諾事項

一、表面記載ノ期限內ニ指定ノ場所ニ納付スヘシ若シ納品ニシテ檢査不合格ノモノアルトキハ指定ノ期限內ニ之カ引換ヲ爲スヘシ

二、納付期限內ニ完納セサルトキハ其ノ遲延日數ニ應シ壹日ニ付未納物品ニ對スル代價ノ百分ノ一ニ相當スル遲滯償金ヲ納付セシムルコトアルヘシ

三、納付期限若ハ引換期日ノ遲延日數拾日ニ及フモ尙完納セサルトキ又ハ納付ノ物品カ仕樣書見本等ニ適合セス若ハ契約ヲ履行スルコト能ハスト認ムルトキハ契約ヲ解除スルコトアルヘシ供給人ハ之ニ對シテ異議ヲ申立テ又ハ何等ノ請求ヲ爲スコトヲ得ス

四、前項ニ依リ契約解除ノ場合ニ於テハ供給人ハ損害ノ賠償トシテ解除物品ノ代價ニ應シ納付期限內ニ在リテハ百分ノ五納付期限後ニ在リテハ百分ノ十五ニ相當スル金額ヲ納付スヘシ

五、第二項及前項ニ依リ納付スル金額ハ支拂金ト相殺スルコトアルヘシ

六、都合ニ依リ納付スヘキ物品ノ數量ヲ增減スルコトアルヘシ此ノ場合ニ於テハ內譯ノ單價ニ依リ算出シタル代金ヲ支拂フ之ニ對シ供給人ハ異議ヲ申立テ又ハ何等ノ請求ヲ爲スコトヲ得ス

七、代金ハ物品完納檢査濟ノ上支拂フモノトス

第二號ノ二

朝鮮博覽會京城協贊會

支出決議書

會長	理事長	會計部主任	係員

發議	昭和　年　月　日
支出簿登記	昭和　年　月　日
小切手發行	昭和　年　月　日
小切手	第　號
現金出納簿登記	昭和　年　月　日

京城協贊會支出金

款	
項	
目	

一金

債主

本書ノ金額領收ス

昭和　年　月　日

内譯

金額	摘要	債主

第三號樣式

物品購入要求書

昭和　年　月　日

會計部主任殿

朝鮮博覽會京城協贊會

支出費目	品名	數量	摘要用途

右購入相成度候也

（注意）一、摘要欄ニハ品質形狀等購入上必要ナル事項ヲ詳細ニ記入スヘシ　二、見本品ト同質ナルモノニ限ル場合ハ見本ヲ提出シ提出シ難キモノハ見本ノ所在ヲ記入スヘシ　三、圖面ニ依リ説明スヘキモノハ圖面又特種ノ仕様ニ據ルヘキモノハ其仕様書ヲ添付スヘシ　四、納入場所及納期日ハ必ス記入スヘシ　五、品名及支出費目ヲ異ニスル毎ニ別葉ニ記載スヘシ

第四號樣式

收入簿

年月日	納入摘要	豫算額	收入濟額	殘額
		円	円	円

備考　一、本簿ハ款項毎ニ口座ヲ設ケテ整理シ之ニ總計ヲ附スヘシ
二、毎月ノ月計及累計ヲ附スヘシ

第五號様式

支出簿					
年月日	債主	摘要	豫算額	支拂額	殘額
			円	円	円

備考　一、本簿ハ款項目毎ニ口座ヲ設ケテ整理シ之ニ總計ヲ附スヘシ
　　　二、毎月ノ月計及累計ヲ附スヘシ

第六號様式

現金出納簿				
年月日	摘要	受	拂	殘
		円	円	円

備考　一、毎月ノ月計及累計ヲ附スヘシ

第七號樣式

物品出納簿

單位ノ呼稱		品名	

年月日	會長	受 數量	受 單價	拂	殘	會計部主任	摘要	受領者印
月 日			円					
月 日								
月 日								
月 日								
月 日								
月 日								
月 日								
月 日								
月 日								

京城協賛會諸給與內規

第一條　俸給ノ支給ハ左ノ區分ニ依ル
一、月俸ハ毎月二十一日之ヲ支給ス
二、日給ハ前月十六日ヨリ當月十五日迄ノ分ヲ其ノ月二十一日之ヲ支給ス
前各項ノ俸給支給日カ休祭日ニ相當スルトキハ其ノ翌日之ヲ支給ス
第二條　月俸ハ新任ノトキハ就職ノ日ヨリ增俸減俸ノトキハ發令ノ翌日ヨリ日割ヲ以テ之ヲ支給シ退職及死亡ノトキハ當月分俸給ノ全額ヲ其ノ際支給ス但シ免職ノ場合ハ其ノ當日迄日割ヲ以テ支給ス日給ハ採用ノトキハ就職ノ日ヨリ增給減給ノトキハ發令ノ日ヨリ之ヲ支給ス
第三條　月俸ヲ受クル者病氣其ノ事故ニ依リ一月ヲ通シ執務セサルコト十日ヲ超ユルトキハ其ノ月分ノ俸給ハ日割ヲ以テ之ヲ支給ス但シ職務ニ基因スル傷痍疾病ニ付テハ此ノ限ニ在ラス
第四條　日給ハ勤務日數ニ應シテ之ヲ支給シ公休日ハ之ヲ勤務日數ニ算入ス但シ缺勤日中ニ在ル公休日ハ此ノ限ニ在ラス
第五條　事務員及傭人宿直シタルトキハ左ノ宿直賄料ヲ支給ス

事務員	一夜金六十錢

傭　　人　　同　　三十錢

第六條　事務員及傭人夜勤シタルトキハ左ノ區分ニ依リ夜勤賄料ヲ支給ス

事　務　員　退廳時間後引續キ午後八時ヲ過キタルトキ　金三十錢

同　午後十二時ヲ過キタルトキ　金五十錢

傭　人　同　午後八時ヲ過キタルトキ　金十五錢

同　午後十二時ヲ過キタルトキ　金二十五錢

第七條　職務ノ爲京城府管外ニ出張シタルトキハ第一號表ニ依リ旅費ヲ支給ス

第八條　京城府管外ニ出張スルトキハ其ノ旅行前豫定ノ行程ニ依リ旅費ノ概算渡ヲ爲スコトヲ得但シ此ノ場合ハ旅行ヲ終リタル日ヨリ五日以內ニ精算書ヲ提出セシムヘシ

第九條　職務ノ爲京城府管內ニ出張シ其ノ出張三時間以上ニ及ヒタルトキハ第二號表ニ依リ日額旅費ヲ支給ス

第一號表

區別	汽車賃	船賃	車馬賃一里ニ付	日當一日ニ付	宿泊料一夜ニ付
會長、副會長、顧問、理事長	一等運賃	一等運賃	円 一・五〇	円 八・〇〇	円 一二・〇〇
理事其ノ他役員	同	同	一・二〇	六・〇〇	一〇・〇〇

嘱託及事務員 月俸百五十圓以上	二等運賃	二等運賃	一・〇〇	四・〇〇	六・〇〇
同 百圓以上	同	同	一・〇〇	三・〇〇	五・〇〇
同 五十圓以上	同	同	・八〇	二・五〇	四・〇〇
同 五十圓未滿	三等運賃	三等運賃	・八〇	二・〇〇	三・〇〇
傭人	同	同	・六〇	一・五〇	二・〇〇

一、急行料券ヲ要スル汽車ニ乘用シタルトキハ急行料ヲ供給ス

二、自働車定期運轉區域ニ於ケル車馬賃ハ其ノ乘用シタルト否トヲ問ハス定額ノ半額ヲ支給ス

三、陸路六里未滿鐵道四十八哩未滿水路三十海里未滿ノ旅行ニ在リテハ用務ノ都合ニ依リ宿泊シタル場合ヲ除ク外其ノ支給スヘキ日當ハ定額ノ半額トス

第二號表

區別	日額旅費	
會長、副會長、顧問、理事長	二・〇〇円	
理事其ノ他ノ役員	一・五〇	
嘱託及事務員 月俸百五十圓以上	一・〇〇	
同 百圓以上	・八〇	
同 五十圓以上	・六〇	
同 五十圓未滿	・五〇	
傭人	・三〇	

一、役員ニ限リ本表定額以外ニ車馬賃ノ實費ヲ支給スルコトアルヘシ

朝鮮博覽會土地並賣店使用規程

第一條　朝鮮博覽會々場内ニ於ケル土地並賣店ノ建設貸付及會場外園並其ノ附近ノ敷地使用ニ關スル事業ハ京城協贊會ニ於テ之ヲ經營スルモノトス

第二條　土地又ハ賣店ヲ使用セムトスル者ハ左記樣式ノ申込書ヲ昭和四年六月三十日迄ニ京城協贊會ニ提出スヘシ

前項ノ土地内ニ建造物ヲ建設セムトスル者ハ其ノ設計書ヲ添付シ京城協贊會ノ承認ヲ受クヘシ

第三條　土地ノ使用料ハ左ノ如シ

特等	開期中一坪ニ付	拾五圓
壹等	同	拾貳圓
貳等	同	九圓
參等	同	六圓
等外	同	參圓以内

但シ廣告塔建設ノ場合ハ左ノ料金ニ依ルモノトス

高サ三十尺迄	高サ五十尺迄	高サ八十尺迄	高サ百尺迄
壹坪ニ付 四拾圓	壹坪ニ付 五拾圓	壹坪ニ付 七拾圓	壹坪ニ付 百圓

第四條　賣店ノ使用料ハ會期中一坪ニ付參拾圓乃至參拾五圓トス

第五條　土地又ハ賣店ノ使用決定及位置ノ割當ハ抽籤ニ依ル之ニ對シ異議ヲ申立ツルコトヲ得ス

第六條　使用料ハ前條ノ決定ト同時ニ其半額ヲ納付シ殘額ハ指定ノ期間內ニ之ヲ完納スヘシ若シ指定期間內ニ納付セサルトキハ其ノ決定ヲ取消シ既納ノ使用料ハ之ヲ還付セス

第七條　使用者ハ博覽會開會迄ニ一切ノ準備ヲ了シ又閉會後七日以內ニ閉店ノ上自己ノ加工シタル諸設備ヲ撤去スルヲ要ス若シ期限內ニ其ノ撤去ヲ怠リタルトキハ本會ハ適宜ノ處置ヲ爲シ其費用ハ使用者ノ負擔トス

第八條　使用者ハ常ニ火氣ニ注意シ且內外ノ清潔ニ努ムヘシ

第九條　使用者ノ營業期間ハ開會日ヨリ閉會ノ日迄トシ營業時間ハ博覽會ノ開場時間中トシ閉場後ハ京城協贊會ノ承認ヲ受ケ看守ニ必要ナル人員ニ限リ宿泊セシムルコトヲ得

第十條　使用者ハ京城協贊會ノ承認ナクシテ行商ヲ爲シ又ハ店舖ヲ閉鎖シ休業スルコトヲ得ス

第十一條　販賣品ニハ總テ正札ヲ附シ飲食店ニ在テハ見易キ場所ニ其ノ定價表ヲ揭クヘシ

第十二條　場內營業者ニシテ景品ヲ提供シ若ハ定價ノ割引ヲ爲シ其ノ他特別ノ方法ヲ以テ賣出ヲ爲サントスルトキハ其ノ方法ヲ詳記シ豫メ京城協賛會ノ承認ヲ受クヘシ

第十三條　貸付ヲ受ケタルモノハ京城協賛會ノ承認ナクシテ之ヲ他人ニ轉貸シ又ハ自己ノ名義ヲ以テ他人ニ使用セシメタルトキハ使用決定ヲ取消シ使用料ハ還付セス

第十四條　使用者カ協賛會ノ建設物其ノ他ノ施設ヲ破損シタルトキハ直ニ之ヲ原形ニ復シ尚損害アルトキハ之ヲ賠償スルノ義務アルモノトス

第十五條　使用者ニシテ本規程並博覽會及京城協賛會ノ諸規則又ハ指圖ニ違反シタルトキハ使用ノ決定ヲ取消シ閉店撤去ヲ要求スルコトアルヘシ

但シ此ノ場合使用者ニ損害ヲ生スルコトアルモ本協賛會ハ其ノ責ニ任セス

第十六條　會場外圍及其ノ附近一帶ノ敷地ノ貸付ニ關シテハ申込都度別ニ之ヲ協定ス

土地
賣店　使用申込書

一、土　地　　等　　坪使用目的

一、賣　店　　　　　坪使用目的

右貴會御經營ノ土地
賣店使用致度此段申込候也

昭和四年　　月　　日

住所

職業　　氏　　　　名　㊞

朝鮮博覽會京城協賛會　御中

請　　書

一、使用物件

土地　　等　　坪　　使用料　　　　圓

賣店　　　　　坪　　使用料　　　　圓

右物件使用御承認ノ上ハ朝鮮博覽會土地並賣店使用規程ノ各條項遵守可仕候也

昭和四年　　月　　日

住所

職業　　氏　　　　名　㊞

朝鮮博覽會京城協賛會　御中

朝鮮博覽會電氣供給案内

一、供給方法

朝鮮博覽會場内に於て電氣使用御希望の方は別紙様式の電氣使用請求書を京城協賛會にお出し下さい

二、供給時間

晝　間　午前八時ヨリ午後七時マデ

夜　間　日沒ヨリ翌日日出マデ

晝夜間　晝夜連續シテ送電スルモノ

三、配線設備

イ、配電線路は博覽會又は本會に於て施設し其維持は本會の負擔であります但し特に配電線路の施設を要する場合には其施設費の全部又は一部を申受けます。

ロ、御使用場所に於ける電氣施設並維持に要する費用は御需用者の負擔であります。

ハ、電飾其他特殊の電氣設備を施す場合には其工作物の設計仕樣等に就いて本會の承認を要します。

ニ、工作物の完成した時は御使用前に本會にて檢査の上送電致します。

ホ、會場内に於て施設する引込線及屋内線工事は本會が指定せる電氣業者に施行致させます。

ヘ、電燈、電動力及電熱工事の引込線並屋內線工事費は御需用者の負擔とし別表に依り申受けます但し特殊の工事を要する場合は實費を申受けます。

四、受電器の種類其他

供給電氣方式周波數及電壓は受電器の種類に依り左の二種であります。

受電器の種類	電氣方式	周波數	電壓
電燈	單相	六〇「サイクル」	一〇〇「ヴォルト」
動力	三相	六〇「同」	二〇〇「同」
電熱	單相	六〇「同」	一〇〇「同」

五、料金

電氣御使用料金は別表により會期中の全額を前金にて申受けます、會期を延長したる場合には延長日數に日割料金を乘じたる金額を延長前に申受けます。

六、料金の計算

イ、電氣御使用開始の日が開會前なる場合には開會前の分は日割にて計算し、會期中の分に附加致します、電氣の御使用が閉會後なる場合にも亦閉會後の分は日割にて計算致します。

ロ、會期中の御申込に對してはすべて全額を申受けます。

ハ、電飾其他點滅裝置を施したるものゝ料金計算は其取付燈數に依らず御使用の狀況に從つて算出した燈數に依り申受けます。

ニ、十三「ワット」又は端數毎に十三「ワット」一個と看做し計算致します。

ホ、電動機又は電熱（電力裝置）一個の容量が一馬力又は一「キロワット」以上のもので馬力數又は「キロワット」數に端數あるときは二分の一未滿を二分の一とし二分の一以上の端數は之を一馬力又は一「キロワット」として計算致します。

ヘ、御使用「ワット」數若くは容量等を變更した場合には變更「ワット」若くは容量に依り不足額は之を申受けます。

七、電　球

電球は別表の價格にて本會より供給し御需用者の御負擔に願ひます。

八、其他御注意事項

イ、本會の承認なき電球、電動機、電熱器其の他の器具を御使用せられし場合は御使用開始の日に遡り二倍の料金を申受けます。

ロ、開期中御需用者の都合に依り電氣の御使用を休止又は廢止されましても既納料金及工事費の拂戻しは致しませぬ。

ハ、本案内に因り難いもの又は記載せざる事項に就いては其の都度御相談致します。

博覧會臨時電燈料金表 （期間五十日）

種別	晝間又ハ夜間			外燈		晝夜間	
ワット別	電球代價	料金	期間超過一夜ノ料金	料金	期間超過一夜ノ料金	料金	期間超過一夜ノ料金
一三ワット	・三五	一・〇〇	・〇三			一・八〇	・〇四
二〇同	・三五	一・二五	・〇三	一・〇〇	・〇二	二・二五	・〇五
三〇同	・四〇	一・五八	・〇四	一・四一	・〇三	二・九〇	・〇六
四〇同	・四〇	一・九一	・〇四	一・七四	・〇四	三・五〇	・〇七
六〇同	・四〇	二・五八	・〇六	二・四一	・〇五	四・七五	・一〇
一〇〇同	・六五	四・〇〇	・〇八	三・六六	・〇八	七・五〇	・一六
二〇〇同	一・五〇	八・三三	・一七	七・五〇	・一六	一六・〇〇	・三三
三〇〇同	二・二〇	一一・六六	・二四	一〇・八三	・二二	二三・五〇	・四五
四〇〇同	三・〇〇	一五・〇〇	・三〇	一三・三三	・二七	二八・〇〇	・五八
五〇〇同	三・五〇	一七・五〇	・三五	一五・八三	・三三	三三・〇〇	・六四

定額電動力料金 （期間五十日）

馬力別	晝間 料金	晝間 期間超過一日ノ料金	晝夜間 料金	晝夜間 期間超過一日ノ料金
二分ノ一馬力未滿	一箇ニ付 六・〇〇	・一三	九・〇〇	・一八
二分ノ一馬力以上四分ノ三未滿	同 九・〇〇	・一八	一三・〇〇	・二六
四分ノ三馬力以上一馬力未滿	同 一三・五〇	・二五	一八・〇〇	・三七
一馬力以上五馬力未滿	一馬力ニ付 一六・〇〇	・三三	二四・〇〇	・四八
五馬力以上	同 一四・〇〇	・二八	二一・〇〇	・四四

電氣定額料金

ワット別	晝間 料金	晝間 期間超過一日ノ料金	晝夜間 料金	晝夜間 期間超過一日ノ料金
一〇〇ワット以上二〇〇ワット迄	一箇ニ付 三・五〇	・〇七	六・〇〇	・一三
二〇〇ワット以上五〇〇ワット迄	同 八・五〇	・一七	一三・〇〇	・二六
五〇〇ワット以上一キロ迄	同 一八・〇〇	・三六	二六・〇〇	・五三
一キロワット超過	同五〇ワット迄ヲ增ス每ニ 八・五〇	・一七	一四・〇〇	・二八

博覽會場內電氣工事費使用者負擔額

電燈

種別	使用場所ニ於ケル取付數	單位	金額	備考
電飾燈	五〇箇迄	一箇ニ付	一・二〇	但十燈以內ハ電飾燈ト認メズ
	五一箇以上一〇〇箇迄	〃	一・〇〇	
	一〇〇箇超過ノ分	〃	・八〇	
屋內燈		〃	二・五〇	
軒外燈	鐵「フラケット」使用ノ場合	〃	三・〇〇	
屋內引込線		〃	二・〇〇	
屋外引込線		〃	四・〇〇	

電熱

種別	單位	引込線	屋內線	備考
一キロワット以下	一箇ニ付	三・五〇	四・〇〇	
三キロワット以下	〃	四・五〇	六・〇〇	
五キロワット以下	〃	五・五〇	八・〇〇	
五キロワット以上一キロワットヲ増ス毎ニ	〃	一・〇〇	一・五〇	

動力

種別	單位	引込線	屋內線	備考
小型電動機	一臺ニ付	四・〇〇	・〇〇	
三相一馬力以下	〃	四・八〇	三・〇〇	
〃　五馬力以下	〃	五・七〇	一四・五〇	
五馬力以上一馬力ヲ增ス每ニ	〃	一・〇〇	二・〇〇	

朝鮮博覽會給水案內

一、朝鮮博覽會場內に於て給水を希望せらるゝ方は本案內に依り豫め京城協賛會に御申込み下さい、給水を中止又は廢止の場合も同樣であります。

二、給水方法は專用栓及共用栓であります。

三、專用栓及共用栓は左の四種に區別します。

第一種　自營館、特設館、事務所、詰所、無料休憩所、賣店其の他之に類似のもの

第二種　甲、料理店、飲食店、菓子、果物、飲料水販賣店、喫茶店、有料休憩所及之に類似のもの

乙、各種興行物

丙、活動寫眞館、演藝館及之に類似のもの

第三種　水族館、動力用其の他多量の水を使用せらるゝもの
第四種　噴水、瀧、池泉其の他娯樂の用に供せらるゝもの

四、共用栓使用者には鑑札及鍵を御貸し致します。

前項の鑑札及鍵は給水使用廢止の際は御返納下さい。

五、給水設備料は給水申込人の負擔であります、但し工事は本會に於て之を施行し水道用具は御貸付致します。

六、前項の給水設備料は給水廢止後に於ける設備撤去費と共に前金にて申受けます、工事中設計を變更し工費の增加を要する場合も同樣であります。

七、給水設備にして特種の材料を要するものは工事申込人の負擔であります、尙特種の裝置を要するものは豫め本會の承諾を經工事申込人に於て之を施行の上竣功後本會の檢査を御受け下さい。

八、給水料は十二項の定額を前金にて申受けます、但し計量の方法に依らるゝ方は本會の決定する給水見込水量に對する給水料を前金にて申受け給水廢止の際精算し過不足額あるときは之を還付又は追徵致します。

九、給水料は會期の中途に於て廢止せらるゝも減免致しませぬ、但し會期の後半期に於て給水を開始せられた場合の給水料は其の半額を申受けます。

十、開會期間延長の爲引續き給水を要するときは既定料の日割額に依り計算致します。

十一、給水設備料（撤去費を含む）は左表に依り算出し之を前金にて申受けます。

區分＼口徑	二十五粍	二十粍	十三粍	摘要
水管貸	水管延長十メートル迄 十五圓	水管延長十メートル迄 十四圓五十錢	水管延長十メートル迄 十四圓	
	水管延長十メートルヲ超過スルモノ 一メートルニ付六十錢	水管延長十メートルヲ超過スルモノ 一メートルニ付五十五錢	水管延長十メートルヲ超過スルモノ 一メートルニ付五十錢	

區分＼口徑	二十五粍	二十粍	十三粍	摘要
水栓費	二圓	一圓六十錢	一圓四十錢	水栓一箇所當（專用式）
水栓費	二圓四十錢	二圓十錢	一圓九十錢	水栓一箇所當（共用式）

給水設備にして前項料金に依り定め難いものは其の實費を申受けます。

十二、會期中の給水料は左の定額に依ります。

區別	專用栓 本栓 建坪一給水料	專用栓 本栓 超過建坪一給水料	專用栓 支栓一栓毎ニ	共用栓 建坪一給水料	共用栓 超過建坪一給水料
第一種	三圓		二割增	一圓五十錢	

種別									
第二種 甲	十坪迄	九圓	五坪迄ヲ増ス毎ニ	一圓五十錢	二割増	十坪迄	四圓五十錢	五坪迄ヲ増ス毎ニ	七十五錢
第二種 乙	五十坪迄	二十圓	十坪迄ヲ増ス毎ニ	二圓	二割増	五十坪迄	十圓	十坪迄ヲ増ス毎ニ	一圓
第二種 丙	十坪迄	三圓	五坪迄ヲ増ス毎ニ	五十錢	二割増	十坪迄	一圓五十錢	五坪迄ヲ増ス毎ニ	二十五錢
第三種	百立方メートル迄十圓、百立方メートルヲ超エルトキハ一立方メートル迄ヲ増ス毎ニ十錢ヲ加フ								
第四種	百立方メートル迄二十圓百立方メートルヲ超エルトキハ一立方メートル迄ヲ増ス毎ニ廿錢ヲ加フ								

給水料にして定額に依り難いものは本會の決定する額に依り申受けます。
計量の方法に依る給水にして水量不明なるときは本會に於て之を認定致します。
十三、水道を濫用又は分與せられたときは給水を謝絶致すかも知れません。
前項の場合給水料前納金は之を減免致しませぬ。

朝鮮博覽會々場内電話使用案内

第一條　朝鮮博覽會場内ニ於テ電話ヲ架設セントスル時ハ左式ノ申込書ヲ京城協賛會電話係ヘ差出サルヘシ

第二條　電話使用料及ヒ位置變更ニ要スル料金ハ左記ニ依リ京城協賛會會計部ヘ納入セラルヘシ

一、電話使用料　　金七拾五圓（一ケ所分 會期中）

二、電話位置ヲ變更セラルル場合ハ實費ヲ納入セラレタシ

第三條　會期中使用ヲ取消サルルモ既納ノ料金ハ還附セサルモノトス

第四條　會場內設置ノ電話ニテ市外ヘ通話セントスル時ハ遞信局規定ノ通話料金ヲ京城協賛會ヘ納メ通話承認ヲ求メラルヘシ

電話架設申込書式（略）

事務員服務心得

第一條　事務員ハ上司ノ指揮監督ヲ承ケ其部係事務ニ從事スルモノトス

第二條　事務員ハ嚴肅ヲ旨トシ濫リニ勤務場所ヲ離ル可カラス用務起リタル際ハ他ノ係員ニ其旨ヲ告ケ所用ヲ達スヘシ

第三條　事務員ノ出勤時間ハ每日午前八時ヨリ午後七時マテトス

但事務ノ都合ニヨリ時間ヲ伸縮スルコトアルヘシ

第四條　事務員ハ每朝出勤簿ニ捺印シ服務スヘシ、病氣其他ノ事故ニ依リ出勤シ難キ時ハ其旨出勤時間マテニ係主任ニ屆出ヘシ

第五條　觀覽人ニ應接スルトキハ懇切叮嚀ヲ旨トシ不遜ノ擧動アルヘカラス

第六條　觀覽人ニシテ不都合ノ擧動アルトキハ懇切ニ之ヲ諭シ尙之ヲ改メサル時又ハ擧動不審ノモノナ

ルトキハ係主任ニ內報スヘシ

第七條　事務員ハ毎日閉場ノ際各受持場所ノ整理ヲナシ一應事務所ニ集合シ指揮ヲ待ツヘシ

第八條　前各條ノ外臨時ノ事項ニ關シテハ其都度係主任ノ指揮ヲ受クヘシ

人事

昭和三年八月二十日本會の成立以來各役員は常に京城府廳に集合し、事務開始の計畫準備に努む。昭和四年三月十四日、假事務所を、京城府廳四階の一室に設け、釘本理事長及各擔當理事の下に、準備事務を開始するや、專任事務囑託曾我勉氏を初め、事務員三名、給仕一名、運轉手一名使用し、同年四月十一日博覽會事務に通したる、橋本忠雄氏を事務長として聘用したり、同五月二十五日、景福宮內に朝鮮博覽會事務局の建築成るや、其の一部を本會事務所に充つる事として、移轉すると共に、事務の擴張に連れ事務員、給仕、小使、運轉手等を漸次增員し、更に同年九月に入り、博覽會開期の切迫するに伴ひ本會經營に係る各種の事務增加し、從て之に從事すべき事務員其の他の使用人等を急激に增加せり、其の配屬左の如し。

理事長　釘本藤次郎氏

總務部

主任理事　吉村傳氏

事務長　橋本忠雄氏

專任事務囑託　曾我勉氏

事務員三名、小使二名、給仕一名、巡視一名、運轉手二名、電話交換手八名、臨時傭人二名

會計部

主任理事　高橋源六氏（前任）

同　肥塚正太氏（昭和四年十月二十五日高橋主任死去に付後任）

專任事務員　岩本筆藏氏

外事務員六名、女事務員十五名、（入場切符賣場）女事務員十一名、（各餘興場切符賣場）

勸誘部

主任理事　肥塚正太氏

同　梁在昶氏

事務員三名、囑託一名

設備部

主任理事　中村誠氏
同　申昇均氏
兼任理事　中屋重樹氏
專任事務員　清水正治氏
外事務員七名

接待部

主任理事　中屋重樹氏
同　李升雨氏
事務員五名、女事務員八名（事務所、接待館、接待專務）案内係十名

餘興部

主任理事　戸島祐次郎氏
同　全聖旭氏
事務員二十五名（内二十二名は演藝館、子供ノ國其他餘興場に配屬）女事務員三名（演藝館内案内接待に從事す）

右の外各專門的特殊の事務に關しては朝鮮總督府、李王職、遞信局、京城府廳、京城中央電話局、同光化門分局、各新聞通信社、朝鮮殖産銀行、朝鮮商業銀行、京城電氣株式會社、京電公認工事組合、京

城聯合青年團等其他各關係方面に對し本會事務を囑託せり而して此等の事務囑託に對しては俸給を支給せず博覽會閉會後事務の繁閑に應じ報酬又は相當の謝儀を贈呈せり其の氏名左の如し。

朝鮮總督府（十名）イロハ順

伊藤辰次郎氏　豊島銳郎氏　太田　修氏　小ヶ倉喜平氏
加納　博氏　簗山　康氏　上原誠治氏　松浦暎哉氏
坂寄守之助氏　菅原喜祿氏

李王職（四名）イロハ順

劉海鍾氏　咸和鎭氏　鄭樂鵬氏　金甯濟氏

遞信局（十三名）イロハ順

飯倉文甫氏　馬場禎逸氏　河田市也氏　河野通俊氏
田坂勘吾氏　山田武彥氏　松本新三郎氏　近藤昇一氏
江口賚夫氏　佐々木仁氏　水元重文氏　美島ウノト氏
森田省三氏

京城府廳（四十二名）イロハ順

盧　炳哲氏　長谷川憲治氏　長谷川秀作氏　長谷川晉作氏

朴齊昇氏
遠山秀道氏
土居春雄氏
劉炳旭氏
李鼎采氏
尾崎勝太郎氏
大塚梶四郎氏
大谷圭史氏
金古昇成氏
竹森喜久馬氏
谷常藏氏
鶴見米三郎氏
中村恒造氏
鍋山長太郎氏
梅田宗二郎氏
野口利三氏
楠見戸喜次氏
國武一勇氏
山口富彦氏
眞子文作氏
眞野富太郎氏
藤岡藤平氏
呉斗煥氏
駒田德三郎氏
金重赫氏
岸貞雄氏
金鐘益氏
湯山清一氏
久田義周氏
森下淸俊氏
市來壽吉氏
松永政盛氏
森秀作氏
井上一郎氏
孔黄龍氏
宋永俊氏
安昌福氏
橋本十太郎氏

新聞通信社（十六名）イロハ順

井塚政義氏
伊藤忠雄氏
李春得氏
田中雅二氏
山岸貢氏
山本忍介氏
安武一雄氏
洪鐘仁氏
荒巻豊一郎氏
齋藤義雄氏
金東進氏
金東煥氏
三田市之進氏
宮川千尋氏
森二郎氏
鈴木丹作氏

朝鮮殖産銀行（七名）イロハ順

林　吉　松氏　本田富雄氏　大須賀唯一氏　河瀬健治氏

三浦末吉氏　白木智忠氏　元田朝吉氏

朝鮮商業銀行（二名）イロハ順

園木末喜氏　內田次男氏

京城電氣株式會社（九名）イロハ順

上村三龜藏氏　角本藤市氏　田村秀雄氏　田頭要太郎氏

田中橋辭氏　長島駿一郎氏　不二川一雄氏　峰　高　朗氏

日置吉三氏

京城聯合青年團（三名）イロハ順

角田由太氏　中井左右一氏　小出常市氏

總務部關係（二名）イロハ順

加藤觀覺氏　鄭　民　和氏

勸誘部關係（一名）

加納外松氏

餘興部關係（七名）イロハ順

朴承弼氏　竹田五郎氏　長花長惠氏　村上幸次郎氏
松永定次郎氏　松井虎吉氏　森岡俊介氏

寄附金募集

本會の經費は專ら有志者の醵出に俟つ處大にして本會事業達成の資源たり從つて之が勸誘募集に關しては會長、理事長を始め各理事役員等に於て最も周到なる計畫、方針により一致協力して此方面に全力を傾注したり就中古城、韓の兩副會長、釘本理事長、肥塚、高橋、梁、全の各理事及囑託崔悳氏等其衝に當り昭和四年四月十七日より活動開始するや財界の現狀に鑑み勉めて一般的の勸誘醵金を避け專ら各種團體、大地主、事業家、主なる商工業者等に就き眞に本會事業を賛同せられ理解ある醵出援助を受くる方を本旨とし先づ會長名を以て勸誘狀を直接或は各町洞委員を經て各方面に發送し尙ほ府内を五區に別ち左記の諸氏に各區の募集斡旋を依囑したり。

第一區

安藤靜氏　赤荻與三郎氏　三上豊氏　山崎鹿藏氏
藤富國太郎氏

第二區

佐野彥藏氏　川井昌一氏　高井健次氏　高居瀧三郎氏
村上幸次郎氏　增田三穗氏　本吉清一氏

第三區

辻本嘉三郎氏　都筑康二氏　宮林泰司氏　末森富良氏
戶田正夫氏　小林源六氏　杉山久氏

第四區

伊藤大次郎氏　石原磯次郎氏　山田禎輔氏　大和與次郎氏
陣內茂吉氏　秋山督次氏　藤田安之進氏

第五區

朴承稷氏　張弘植氏　張憲植氏　李東爀氏
李康爀氏　韓翼敎氏　吳台煥氏　吳斗煥氏
芮宗錫氏　金潤昌氏

各町洞委員の援助と相俟つて募集に着手するや關係役員の熱心なる努力活動に依り本會の趣旨を翼賛せらるゝ多數の會員を得て醵出金も亦豫定額を超過し昭和四年八月末日を限り募集を締切り集金に着手せり。

此の間松井會長は六月十三日京城出發東京方面に出張內地の各有力家の賛助を得べく夜を日に繼きて熱心なる奔走をなし朝鮮中央協會の援助を得て各方面に活動し豫定以上の好果を齎らし七月十四日歸城せられ茲に一層多額の資源を得て本會の事業をして圓滑に有終の美を收め得るに至れるは本會の最も滿足する處にして朝鮮中央協會に對し感謝すると同時に各關係各員並に醵出者各位に深く謝意を表する處なり。

因に本會は各寄附金申込者に對しては寄附金申込臺帳を備へ申込月日、金額、住所、氏名、拂込月日備考、其他必要なる各欄を設け適宜記入すると共に之を金額順に區分整理して會員原簿を作成せり而して各寄附金拂込者に對しては其都度本會規定の受納證を發行して後日の證となしたり。

入會申込書

貴會ノ趣意ヲ賛同シ左記ノ通申込候也

一、　　會　員

一、醵出金　　　　圓也

昭和四年　　月　　日　　住所

氏　名

朝鮮博覽會京城協賛會長松井房治郎殿

原符	
第　　號 一金 京城府　　町 　　　　洞　丁目　番地 　　　　　氏　　名 昭和四年　月　日領收	第　　號 證 一金 但　朝鮮博覽會京城協賛會寄附金 右正ニ受納候也 昭和四年　月　日 朝鮮博覽會京城協賛會 會計部主任理事　氏　名㊞ 殿 取扱者印 注意（取扱者認印ナキモノハ無效トス）

會員優待法

本會は會則第十一條に依り醵出金を受けたる會員に對し左記の優待法內規に基き夫々優待券、演藝館入場券、茶菓券、博覽會徽章、協賛會章を贈呈せり。

會員種別	寄附金額	優待入場劵	演藝舘入場劵	茶菓接待劵	博覽會徽章	協贊會會員章	備考
正會員	五圓以上	二枚	一枚	二枚		一ケ	
	十圓以上	四枚	一枚	四枚		一ケ	
	二十圓以上	六枚	二枚	六枚		一ケ	
	三十圓以上	八枚	三枚	八枚		一ケ	
	四十圓以上	十枚	四枚	十枚		一ケ	
贊助會員	五十圓以上	十二枚	五枚	十二枚		一ケ	
	百圓以上	十七枚	五枚	十七枚		一ケ	
	百五十圓以上	二十枚	五枚	二十枚		一ケ	
特別會員	二百圓以上	十五枚	十枚	十五枚	一ケ	一ケ	
	三百圓以上	二十枚	十枚	二十枚	一ケ	一ケ	
	五百圓以上	三十枚	十枚	三十枚	一ケ	一ケ	
有功會員	壹千圓以上	四十枚	十五枚	四十枚	一ケ	一ケ	
名譽會員	五千圓以上	五十枚	二十枚	五十枚	一ケ	一ケ	

會員章は本會の意匠圖案に成れるものにして本會々員たる事を表彰すると共に此の空前の盛擧をして永久に記念すべく作製したるものにて特に會員に限り贈呈したり

宣　傳

博覽會の眞價及觀覽の必要を宣傳し且つ各種の施設をなして觀覽者を誘致するは博覽會の盛況を援け其の目的を達成する所以にして開會前より開期中を通じ本會は極力宣傳に努めたり

會場の內外に各種の施設をなすと共に府內は勿論朝鮮全道遠くは內地各府縣北海道臺灣樺太滿洲支那地方に亙り諸官衙公署各種の團體學校等の方面に向つて各種の宣傳を試みたり玆に開會前に於ける宣傳の概要を擧ぐれば左の如し

文書及印刷物宣傳、 本會事業の紹介及博覽會宣傳のため本會發行に係る各種の印刷物等を各方面に配付し博覽會氣分の振興宣傳に努めたり

各地の商工會議所各種實業團體組合等に對しては宣傳用の各種印刷物と共に此際朝鮮視察團の組織博覽會觀覽の勸誘方等に付き懇篤なる依賴狀を添へ發送したり

本會發行の印刷物種類左の如し

朝博宣傳繪葉書（昭和四年の年賀葉書に代用して各方面に配付す）

博覽會の栞（各方面に配付す）

內鮮風俗習慣しらべ（朝鮮外の方面に配付す）

朝博宣傳歌（邦文 鮮文）（各方面に配付す）

博覽會宣傳ビラ邦文（二回）（各方面に配付す）

博覽會宣傳ポスター 邦文 鮮文（二回）（各方面に配付す）

行進歌（提燈行列 假裝行列用）（京城府内に普く撒布す）

團扇（朝博文句入り）（各會員其他の關係者、各道の協贊會、商業會議所、各溫泉場、各旅館、料理店、飲食店、カフエー店等、馬關、門司の各驛等、右の外適宜各方面に配付す）

蓄音器レコード（朝博宣傳 歌吹込）（右に同し）

日傘（朝博文句入り）（府内の内鮮人側藝妓、妓生、料理店、カフエー、飲食店、旅館等の女中連に配付す）

浴衣（同上）（同上内地人藝妓のみ配付す）

新聞宣傳 前項文書の發送及印刷物等の配付と共に豫め左記の新聞通信社に依囑し常に紙上に多大の援助を受け博覽會の宣傳振興觀覽客の誘致に努めたり

（イロハ順）

日本電報通信社	日本商業通信社	東亞日報社
朝鮮新聞社	朝鮮每日新聞社	朝鮮商工新聞社
朝鮮經濟日報社	朝鮮日報社	中外日報社
大阪朝日新聞社	大阪每日新聞社	大陸通信社

毎日申報社　　　　　　京城日報社　　　　　京城日日新聞社

帝國通信社

宣傳デー　本會は博覽會氣分の振興、宣傳の徹底を計らんため毎月十二日を以て宣傳デー（六月より開場日まで）と定め府内有志者、靑年團、內鮮各券番等の參加援助により晝夜市內の町廻り宣傳に努めたり其の概要左の如し

行列自働車乘廻り　晝（內鮮藝妓、妓生、百數十名衣裝を整へ班を分ち先頭に宣傳歌の奏樂を付し自動車を連ねて花々敷行進す）

假裝行列　晝夜（各町有志者、靑年團等の各意匠を凝らしたる數百の假裝行列は行進歌の奏樂を付し各町を行進す）

提燈行列（夜は提燈行列を加へ一層の盛況を添へたり假裝者は一々審査をなして優裝者に一等より五等まで賞品を贈れり）

飛行機宣傳　本會は前項の各種宣傳に努むるの外尙ほ飛行機宣傳の效果大なるものあるを認め航空硏究所飛行士西尾三郎氏の操縱に係る飛行宣傳を行ひ隨時京城の中空に起る爆音と銀翼の閃きは博覽會氣分の振興に宣傳に一段の力を添へたり

店頭裝飾宣傳　本會は又府内目拔の街巷南大門通、本町通、明治町通、黃金町通、鍾路通等にある各商店をして數日に亙り博覽會宣傳を意味する店頭裝飾競技會を開催し博覽會事務局及本會審査員の合議審査に依り一等より四等に至る等級を定め入選者十二名に對し各等別の賞金を贈與したり

マネキン宣傳　朝鮮方面に於て未だ目新しき宣傳にて最も適當の一宣傳法と認め「マネキンガール」

の一行を招來し朝鮮銀行前の廣場に於て九月五日より開會日迄の間毎日晝（自午後一時半至同三時半）夜（自午後七時至同八時）二回に亙りマネキンガールをして宣傳を行はしめたり此の間毎回群衆殺到し博覽會の宣傳に振興に正に一段の勢援を添ゆる處ありたり

ラジオ放送 開會前に於て本會の活動狀況、經過の報告並に人氣の振興の爲め松井會長、釘本理事長等數回に亙りラジオ放送をなしたり

其の講演は左の如し

昭和四年五月三十日　會長　松井房治郎氏放送

協贊會に就て

京城協贊會長　松井房治郎

私は京城協贊會長の松井であります　玆に協贊會に就ての題下に今夕御話し申上け得ることの機會を持ち得たことを、各位に對し厚く感謝致します

申上る迄もなく今秋九月を期し向ふ五十日間の豫定を以て愈々開會の運にあります所の總督府主催の朝鮮博覽會は由來朝鮮が持つ所の偉大なる固有文化と近代二十年間に於ける半島統治の庶績を表明する空前の一大催してありまして寔に御同慶に禁へない次第であり、之を外にしては即ち朝鮮の眞相を中外

に紹介し之を内にしては更に博覽會の成績を通して半島百年の開發進歩を企及し其の隆昌を庶幾せんとする最善の催してありまして、洵に其の成否如何は朝鮮二千萬民衆の福利増進上極めて重大なる關係を有して居ることは敢て縷説を要しないのであります

蓋し如斯き見地より致しまして、今や全鮮各地に於きましては均しく本博覽會の成功を期すべく、將又之が協賛の實を全ふすべく漸次會期の近接するに伴れ非常なる意氣込を以て衆心協戮の下に各々特色ある施設の計畫に精進中であることは既に各位御承知の通であります

此の秋に方りまして之が開催地たるを承つて居る我京城協賛會としての責任如何を……考へまするに凡そ内地府縣市に於ける一般の普通協賛會等に比し其の實質上特殊的關係を有する點例せば博覽會入場劵の發賣委任等は其の主なるものであるが事情如此に於てより切實に其の一切は、全府民の最强なる責任觀念の喚起發動に俟ち因て以て本博覽會の玉成に始終協賛の至誠を傾注しなければならぬ……換言すれば全四十萬府民各位の胸奥を貫通して流れ出する所の犧牲的共同精神の躍々たる發現を衷心から希求せさるを得ないのであります

蓋し如斯眞趣の流露より致しまして我京城府に於きましては各位御承知の通り客歳已に京城協賛會の組織濟り爾來着々會務進捗に餘念なく、今や大概、各般施設の計畫を整へまして之が實行期に差懸つて居る次第でありますれば、希くは以上の見地より致しまして徹頭徹尾開催地たる一大面目の發揮に些の

遺憾なき樣相率ひ相督しまして地方協賛會の表範たるに任じ相呼應致しまして、本博覽會の名譽ある成功を招來せむことに絶大の御援助御協同を切望して止まん次第であります

隨て今後に於ては一層豫定計畫の實行上多種多樣に亙り……次から次へと府民各位に對し尠からざる御力添へを御願しなければならぬ……否現に御願ひつゝあるのでありますから、どうか、斯く共力し斯く援助することは其の開催地たる我が京城府としての最大なる誇りであり、最高の義務であるとの完全なる御諒解の下に是非共同動作の御精神を適所適切に表現して戴きたいのであります

尙此の機會に於きまして御參考迄に大要申上けて置きたいことは已に御承知のことゝは存じますが、協賛會の事業概目に就てゝあります、先づ之を列擧的に申上るならば其の第一か、朝鮮博覽會の委託を受け同博覽會入場劵の販賣に關すること、第二、各種賣店の設備及會場內に於ける飲食店、興行物、並に廣告等の處理に關すること、第三、各種餘興物の設備に關すること、第四、繪葉書及案內圖書等の製作販賣に關すること、第五、觀覽者の觀誘、斡旋に關すること、第六、船車旅館、其他に關し觀覽者の便宜を圖ること、第七、來賓の接待に關すること、第八、觀覽外國人に對し通譯說明等の便宜を圖ること、第九、各種大會等の斡旋に關すること、第十、名所舊蹟の紹介に關すること及總括的として、第十一、右の外博覽會の成功を助くる爲必要なる事業等でありまして、以上を事務統整の便宜より致しまして、△總務部△會計部△勸誘部△設備部△接待部△餘興部の六部に分別し、各主管事務の執行に任じて

居る次第です、而して以上計畫に要する、本會の總豫算額は合計七十三萬六千圓でありまして……先づ歲出の大別を申上るならば工事費の二十一萬九千圓、其の內譯は演藝館設備費が二萬六千圓、△野外劇同上二千五百圓△廣告塲三萬九千圓△賣店二萬五千圓△食堂が六千圓△飲食店二萬圓△喫茶店一萬圓△休憩所一萬圓△手荷物預所千六百圓△便所四千圓△電燈電力一萬圓

瓦斯、水道電話の各五千圓、歡迎門壹萬圓、塲內裝飾費の二萬圓、其の他雜構物の五千圓を主とし此の外、接待費三萬圓、體育大會費一萬圓、各種大會費二萬圓、餘興費計六萬圓の內容として子供國一萬圓各種デー二萬圓、各種演藝費二萬圓、其他二萬圓、宣傳費二萬圓、各種印刷費四萬一千圓等が其の主なるもので之に配するに歲入の主なるものとしては國庫補助の五萬圓、京城府補助の三萬圓、商業會議所一萬圓、計九萬圓の外寄附金及會費の二十五萬圓が其の筆頭でありまして、其の餘は使用料の十四萬一千圓、不用品代の二萬圓、雜收入一萬圓等であります

而して以上歲入中の中樞を爲す所の寄附金及會費の種別を卽ち會員別を附言しますれば。五千圓以上の醵出者が名譽會員で千圓以上が有功會員、貳百圓以上が特別會員、五十圓以上が賛助會員、五圓以上が正會員と云ふことになつて居り、以上會員の方々に對しましては、別に定むる所の方法に依り博覽會若くは協賛會に於て夫々優遇することになつております

其他內容上に於ける詳細の點は光化門電話二千三百八十八番及同上二千三百八十九番に御照會になれ

ば喜んで御答へ申上げます

然して、大體斯業なる基本計畫の下に、我協賛會の陣容も、逐日各般施設の十全を期すべく、着々實行の途上に邁進し、旣に會場敷地内に建設されました、博覽會事務局の竣功移轉に伴ひまして、五月二十四日從來京城府廳に設置されてあつた、協賛會事務所も同所に移轉致しまして、一層關係方面との連絡統一を密にし、今や大童の姿となつて所期の目的達成に寧日なきの有樣で今後は本會所定の宣傳デーに於て會務進行の狀況を夫々各位の御參考迄に御報告申上る考であります

斯くて、想ひ見まするに會期五十日間を通じての我京城府の天地は、蓋し雜閙に明けて雜閙に暮るゝの盛觀を呈することであろうかと豫期され、又どうでも斯くあらしめねばならぬことに最良の方途を講しなければならぬと存じて居る次第であります

現に以上に對する想像を、今日迄に於ける事務取扱經過に徵しまするに、已に協賛會を通しての大會申込は開期前即九月十日總督府大ホールに於て開會の帝國在鄕軍人大會約一千二百名の一大會合を皮切りと致しまして、同十五日には全國金物商聯合大會同上水産大會等々今之を御參考迄に所定會場別に申上けますならば、商品陳列館分に於て、全國水産大會農學關係講學會聯合大會、朝鮮山林大會、全會醬油釀造業大會外四大會、勤政殿分、全國敎育大會、全鮮菓子業大會、朝鮮佛敎大會、朝鮮社會事業大會、全鮮藥業大會、鑛業家大會等外三件、社會館分、全鮮農業者大會、全鮮公職者大會等外三件、京城運動

場に於て十月十七日十八日開會、極東體育大會、陸上競技、野球、庭球、凡二十日間開催、商業會議所會議室分、朝鮮商議聯合大會、公會堂分、朝鮮畜産大會、鮮滿商議聯合大會、朝鮮産業大會外五件、階行社、朝鮮金融組合大會外射擊場に於て二件、計四十二大會開催の決定せる外、大會開催の見込にあるものを合すれば其數無慮百餘に達するの狀況でありまして、之に加ふるに一般團體觀覽の申込數を、計算するならば、蓋し豫期の成績を實現し得る、必ずや困難ならずと信ずる次第であります

而して如斯狀勢に於て博覽會氣分は漸を追つて一般的に擡頭され、其の濃厚の度合を高め來つて居るのでありますが故に來るべき絕好の盛事に際しましては凡滿を持して之を要するに萬派飛流相注いで一壑に集まる底の一大盛觀を現出併せて本會所期の實効を舉めこんことは一以て府民各位の全心全力的共同の御援助に俟たなければならぬのでありますから、希くは全府猶一人の如く一線以て萬條を貫くが樣……斯くして本博覽會の榮ある成功を助け、更に半島人文の發達に劃期的向上一路の新局面を招來するの機運を贏ち得らるゝ樣、只々全府民を擧げての共同參加を欣求して止まん次第であります

甚だ長時間の御割愛を願ひました段謹みて御禮申上げます

昭和四年六月十二日　理事長　釘本藤次郎氏放送

協贊會の活動に就て

京城協贊會理事長　釘本藤次郎

私は只今御紹介を戴きました釘本であります　本夕は皆樣方の貴重なる御時間の御邪魔申上げまして甚だ恐縮のことに存じます、可成簡單に申述べたいと思ひますので暫らく御辛棒をお願申上げます、既に協賛會の大要に就きましては前回松井會長からのお話しで十分御判りのことゝ存じますが、今秋開催致されます、博覽會の開會日が御承知の通九月十二日からと云ふことになつて居りますので其の開會日に因みまして、毎月十二日を朝博の宣傳デーとすることが、最も適當てないかとの趣旨から設定されました、恰も本日は其の第一回の宣傳デーに方つて居りますので本夕は不肖私から豫て御配慮を願つて居る協賛會活動狀況に就て御話し申上げて見たいと思ふのであります、前回會長より既にお話もありました樣に今回の博覽會は御承知の通我朝鮮に於ける空前の一大催しでありまして、其の成否の如何が半島百年の開發上並に二千萬民衆の禍福隆替に及ぼす影響の如何に偉大なるやは玆に私から申上くるまでもないことゝ信ずるのであります、從て斯樣に考へて見まするとき、私達は何はさて置いても此の千載一遇的の博覽會の開催に對しましては衆心一致出來るたけ博覽會の成功を助くる樣皆さん方と相戮力して所期の達成に努力しなければならぬと思ふのであります、殊に當協賛會は其の開催地たるの面目を全ふしなければならぬ立場にありますので一層責任の重大を加へる次第であります、斯樣な見地から致しまして、當協賛會も折角皆さん方の御援助に依り生れ出てた次第でありますが、爾來格別の御同情に依りまして會務の進行も着々好成績の中に最善の活動を續け居ることは何より心强いことゝ衷心感謝して居る次第であります。

○寄附金の方も京城神社御祭典當番の區域に依りまして夫々部署を定め四月十七日を皮切りと致しまして、先づ法人側を主とし大口の分から順次御援助を願ふことゝし、引續き一般の方へ御願申上る豫定でありましたが、時偶々京城學校組合議員の改選期に差懸りましたので一先づ御遠慮申上げて居つた次第でありますが、既に選擧も終了を告ぐることになりましたので此際一齊に所定區域内の有志の方參與評議員町總代の方々の御協力を得まして遲くも六月中には完了したいものと意氣込んで居る次第でありますればどうか其節は格別のお力添へを御願ひ申上けたいと思ふのであります

○協賛會の設備方面と致しましては、既に電燈、電話、水道、瓦斯の設計も全部完了致しまして、特設館賣店等の詮衡かすみ次第直に取付け得らるゝことになつて居ります、それから何處の博覽會でも第一の呼物となつて居る、演藝館の建設に就ては、當協賛會は趣向其の他十分なる注意を拂ひ第一建物の體裁から背景其他電氣照明等に就きましては、當代の權威者たる舞臺研究會長前田甚太郎等の考案に依り博覽會人氣の一大焦點たらしめたいと夫々計畫を進めて居る次第であります

○演藝館に於て上演される各種演藝の仕組に就ては內地側は都踊、ダンス等を主とし之に段物を加へ朝鮮側では朝鮮獨特の朝鮮踊りに尙至極新味を帶ひた舞踊を配し開期中は各劵番共大車輪を以て力演することになつて居ります、其外特別興業等も便宜開催致しまして、觀覽者各位の御滿足を得たいと努力中

であります

次に日光館、内鮮の歴史館等も建設の見込であります、尙此の外最も目新しい所の各種の演藝を見せたいものと係理事は目下此の方面の物色に苦心最中であまり（中略）尙子供さん方の爲には子供の國が計畫されて居ります、八千坪の外廻りに鐵道か敷かれ汽車が運轉するのであります、場內には豫て御承知のメリーグンド、サークリンク、シーフリング其の他運動器具が設備されまして一度お子供さん方が此子供の國にお出てになりましたならば、終日お歸りを忘れる位のものにしたいと、力きんて居る次第であります、其の他野外劇等も至極目新し所と云ふ方針で次から〳〵へと計畫されて居ります

○會期中に於ける觀覽者の數は現在の經過から察しましても優に豫定の百萬人は突破することゝ想像されますので當協賛會に於きましては、第一旅館方面との交涉聯絡を保つて置くことが必要でありますので目下此の點等に付ても當業者各位と親しく打合せ中でありますが、大體收容出來得るものと存じます次は宣傳の方でありますが……中略、先づ當協賛會としては第一府內に於て博覽會氣分の高潮を期することが何よりてありますので、宣傳塔の如きも今後府內の主要地點に建設することになつて居りますが、前陳の趣旨から致しまして定められた、毎月十二日の宣傳デー當日は全市を擧げて博覽會氣分の横溢に力めたいと存じております、今回は第一回の催でありまして凡ての催物が十分と迄は行き兼ねた次第でありますが、自今回を重ぬるに從ひまして一層趣旨の徹底に力めたいと存じますれば何卒終始相變

らさるの御同情を以て御力添へを賜る樣此の機會に於て只管一般各位へ御願ひ申上ぐる次第であります
長時間御辛棒を願ひまして誠に感謝に禁へません厚く御禮を申し上げます

昭和四年七月十二日　理事　梁在昶氏放送

協賛會施設에對하야

京城協賛會理事　梁在昶

나는京城協賛會理事梁在昶이올시다
오늘져녁여러분게「協賛會施設에對하야」말삼들일機會를어든것을光榮으로生覺홉니다
今年九月十二日붓터十月末日까지五十日동안開催될朝鮮博覽會는우리朝鮮에서처음되는가장큰施設됨으로其成否의如何가二千萬同胞의福利增進과文化啓發上에밋치는影響이偉大한것은내가말삼하지아니하여도여러분게셔다아실것이올시다、　그럼으로우리들은이千載一遇의博覽會開催에對하야는同心協力하야其成功을도읍도록여러분과갓치努力하지아니치못할줄로生覺합니다、　더욱開催地되는우리京城四十萬府民으로셔는一層責任이重大홈으로昨年가을붓터京城協賛會를組織하고任員을選定하야諸般計畫을實行中이올시다
協賛會豫算으로말삼하면支出總額이七十三萬六千圓인대其內譯은工事費二十一萬九千圓、瓦斯水道電

話費一萬圓、接待費三萬圓、各種大會費三萬圓、餘興費六萬圓、宣傳費二萬圓、印刷費四萬一千圓、入場料納付金二十二萬五千圓이重要한支出인대其餘가事務費等이며、收入은國庫補助五萬圓、京城府補助三萬圓、商業會議所補助一萬圓이고、使用料入場料等이잇스나不足額이二十五萬圓인고로이는府民諸位의寄附를請하기로되야、지난달브터寄附金募集에着手하얏는데、가물든차에비도오고會社銀行에셔도만이내엿스며內鮮人間에應分에寄附를許諾하심으로豫定대로될줄알고우리幹部는크게感謝함니다

우리協贊會의經營으로셔가장趣味잇는것은演藝館에셔는每日藝妓와妓生이出演하는데얼마젼브터各券番에셔練習을始作하야會期中에는奇拔斬新한技藝와名曹이演奏되겟스며外國으로브터新奇한奇術者도招聘하겟스며「어린니나라」에셔는周圍에汽車가ᄯᅮ々하며다니고場內에는「메리꼬란도」「삭구링구」「시후링구」其他運動器具를設備하야어린이들이終日토록노라도집에갈줄를모를만콤滋味잇겟되겟습니다ᄯᅩ會期中朝鮮及內地其他外國으로셔約百萬名의來賓이잇슬豫定인대우리京城에宿泊하실손님이每日平均二萬名은되겟스며旅館業者도既設旅館의擴張改良이頻繁하며新設도相當이잇셔々別로不足지아니할터이오며市中裝飾도協贊會와各町洞이協力하야各其相當한設備를計畫中이며ᄯᅩ各商店에셔도손님을셜기爲하야여러가지자미스러운方法을講究하난模樣인즉우리京城을中外에紹介함에부ᄭᅳ럽지아니할줄노아나이다

宣傳方法으로말삼하면「포스타」「셩양」「繪葉書」「宣傳歌」等을配布하야各地에朝鮮博覽會氣分을高潮케하얏스며우리京城으로셔도其氣分을濃厚케하기爲하야每月十二日를宣傳日로定하고지난달브터實施하여

오는데、오날은正午에各券番妓生四百名朝鮮博이라記入한紙雨傘을왼손에들고博覽會미선를바른손에들고서總督府門前에모이여朝鮮博覽會萬歲를三唱하고樂隊를先頭에세우고光化門通廣場을지나鍾路로와서탑골公園까지徒步行列를擧行하엿는데、더운거슬生覺지아니하고求景하는群衆이數萬에達하엿스며、오는밤에는各商店員及鍾路旅館組合의提燈行列이擧行되는데其中假裝者의게對하야一等으로五等까지施賞까지行하는바奇々妙々한假裝이만이잇서보는사람으로더부러博覽會의壯觀을推想케하오니行列에參加하신여러분게感謝하는同時에우리府民이々와갓치各階級을勿論하고熱狂的으로盡力하는狀態를中外에傳播코저하나이다

來月에는여러분게셔더욱조흔方法으로만히參加하셔々博覽會氣分이全市에漲溢하도록一層盡力하시기를바라오며지루하실가하야고만들이나이다

昭和四年九月十二日　會長　松井房治郎氏放送

朝博の開場を迎へて

京城協贊會長　京城府尹　松井房治郎

府民各位の絶大なる御援助と御協贊の賜に依りまして芽出度くも茲に空前の一大盛事であります朝鮮博覽會の開場を迎へ得ました事は一般各位と共に御同慶に禁へない次第であります

顧みまするに半島文化の表徴たる朝博の開設は夙に在鮮二千萬民衆の翹望措く能はざりし所、今や幸に多年の宿願茲に成就致しまして新秋の香り高き景福宮内十萬坪の地は相され所要二百萬圓の巨費を以て營々努力の結晶たる新興朝鮮の意義深き歩みを一堂に展示して廣く内外多數の人士に御紹介申上げ併せて半島百年の大計を完全に確立し得るの幸慶を贏ち得ましたことは當さに朝鮮の一大快事とし二千萬民衆の一大宿願の現れとし只々欣慶に禁へない次第であります

會期五十日間を通 まして我京城に入城せらるゝ朝野多數の名士を首めとし一般觀覽者の數は現在に於きまして凡そ百萬人を突破するであらうと期待されて居ります。蓋し李都五百年間の王城の地とし將た半島に於ける唯一の代表的都市を以て許されて居る我が京城の面目は獨り其の開催地たる自らの光榮に輝く許りでなく此秋に及んで更に全府を擧げて之が歡迎に之が接待に之が成功に之が紹介に全力を傾注して本博覽會の眞趣を顯現し翼賛し助成するの覺悟あるを必要とする次第であります

惟ふに壯麗にして規畫の著大なる博覽會々場の大觀は先以て府民各位の實地御來場に依つて折角の御高評を願ふことゝし併せて其の展示されたる會場の「パラダイス」に府民のより良き信實と博覽會愛を加へ「幸福は輝けり、我が大京城」の出現に善處せられんとを希望に禁へない次第であります

蓋し昭和の仁風に惠まれまして新興朝鮮の伸びつゝある姿及其の實相は今や文化の精粹を其の技頭に翳し半島昌榮の新生面を茲に蒐め更に偉大に更に宏遠に其の基數を招かんとして居ります。凝視して其

の生成を樂しみ努力して其の發達を企圖する實に之れ吾人が博覽會開設の趣旨に酬ゆる唯一最先の一大義務たるべきを信ずる次第であります。希くは心の向ふ所を一にし愈々戮力競勵して半島治平の麗澤をより增大せんことを茲に開場に方り謹みて府民各位永日の御協力を感謝し更に全府を擧げて博覽會愛の一大高調に一層の御精進を希望に禁へない次第であります

昭和四年九月十二日　　理事長　釘本藤次郎氏放送

朝博開場に際して

京城協贊會理事長　釘本藤次郎

御同樣にお待ち申上げて居りました博覽會もいよ〳〵本日から開場されることになりましたので豫て御援助を願ひ申した皆樣方に御挨拶旁々感謝の微衷を表し併せて所期の目的達成上一層の御協贊を希望に禁へない次第であります皆樣方へ對しての御挨拶は旣に會長より新聞紙上に於てお話し相成りましたので再び私より申上る迄もないとは存じますが要する半島空前の盛事であります博覽會の開催に方りまして內外各地よりの御入城者は優に百萬人を突破するものと信じて居る次第であります從つて會期の進行につれ京城府內の人込は近來稀に見る非常の雜閙を呈することゝ想像されるのであります故に第一當協贊會に於きましては之か歡迎に案內に接待に最善を盡すの手配は出來るだけ考慮されて居りますが何

を申上げましても一日少くも二萬人以上の入城者が豫想されることに於て希くは皆樣方に於かれましても出來る限りの御便宜を以て此の千載一遇の好機會に朝鮮の實情を十分に御紹介申上げ一般觀覽者の心からなる御滿足を得ることに協力一致歡迎の誠意を披瀝することに御共同を御願ひ申上げたいと思ふのであります

會期中を通じまして一般の盛況を副ふべく計畫されてあります各種の催物等は既に皆樣方には十分御承知のことゝは存じますが重ねて其の大要を申上げますならば當協賛會經營の演藝館を首めと致しまして盛澤山なる子供の國や、世界中の粹を集めた萬國街並に活動寫眞館、野外劇等數々の催物に依りまして先づ會場內に於ける博覽會氣分は此の方面から次から〱へと捲き起され全會場を通じ一大觀樂場を出現することであらうと思はれるのであります。會場內のお休み所としてはお化粧を了へてお待ち申上げて居る慶會樓や新に設けられました接待館等之亦必ずや會場御一巡のお疲れをお慰め申上ることが出來るであらうと期待して居ります、然して會期中を通じ其の時々の催物等に就きましては萬事手ぬかりのない樣一般への周知宣傳に力め新しき人氣の高潮に資したいと考へて居ります、會場の正門である光化門のお飾りも其の一階を加へまして切に皆樣方の御來場をお待ち申上げて居ります、若し夫れ會場各館の模樣に至りましては朝鮮式に出來上つた目も鮮かな 產業南北館を最初と致しまして 生活狀態の鳥瞰圖である經濟館や業界のお手本となる各館の 出品世界的の匂ひを漂はして居る 參考館護國の 精銳を集めて居る陸海軍館等各館各様の特色を競ひ凡二萬千四百餘點の總出品を通じ朝博の精粹は其の見る人々をして必ずや半島開發上の一大資料を提供せずにはおかないことゝ深く期待して居ります、希くは一度お誘ひ合せの上御來場下さいまして親しく御高評下さる樣茲に開場を迎ふるに方りまして今日迄の深甚なる皆樣方の御援助を感謝し併せて一層の御協同を重ねて希望申上る次第であります

設備

建設物

本會が其目的とする諸施設に基き開場前に於ける建築物其他の造營物左の如し

事務所、演藝館、接待館、野外劇場、子供の國、賣店、朝鮮飲食店、萬國街、マネキンガール舞臺、驛案內所、無料休憩所、音樂堂、自働寫眞館、電燈、電力、電話、水道

右の內事務所、接待館、音樂堂は博覽會事務局の經營施設に係るものにして內部裝飾、調度品、其の他の設備萬般は本會にて施設したり

事務所　は景福宮內に新築されるた博覽會事務局の一部を借り受け充當したり而して事務の擴張と共に狹隘を感じ本會に於て更に一部の增築をなせり

構造坪數左の如し

事務所｛事務局の建設せし建物　トタン葺木造平家建　坪數四十三坪五合
本會にて増築したる建物　同　上　坪數三十坪｝

演藝館

本館は會場內の西部廣場に面し總建坪六百三十四坪に上り三萬餘圓の經費を投じて建造したる間口十四間、奥行二十四間の壯嚴なる洋風建築物にして外觀は嶄新なる近世式にて正面玄關上窓廻り、軒廻りの裝飾に彩色を施し演藝氣分を表現せしめ內部は日本舞踊の調和上日本風となし東西兩花道を設け花道に沿ふて設けられたる兩側の囃子臺には軒廂を取付け艶麗なる提灯を吊し背面は銀襖とし舞臺は幅八間中央に「オーケストラ」を置き新舞踊に便ならしめキリン、サツポロ、サクラ三麥酒會社より特に意匠を凝らしたる優美なる刺繡模樣の緞帳により一段の光彩を添へ舞臺上より兩囃子臺の上部には水引幕を張詰めたり天井は格天井とし格間に絢爛たる模樣を篏込み中央に大電飾燈を垂下して美觀を添へたり

舞臺裝置は日本舞踊用として二間半の「床トン」を設置するの外新舞踊及洋式ダンス用として奥行四間の引舞臺を裝置して各種演藝に適用せしめたり又電氣照明には各種の舞臺電飾燈を吊下げ前面及花道には「フートライト」を設置するの外各色の投光器を以て出演者を照明すると共に「スポツトライト」を使用し舞臺背景は斯道の大家たる前田甚太郎氏を招聘し左の朝鮮十景を選びて揮毫せしめたり

一、釜山埠頭の日の出　二、朝鮮神宮の夏の曉　三、義州統軍亭の遠望　四、仁川月尾島の宵月
五、慶州佛國寺の懷古　六、平壤牡丹臺の幻想　七、北漢山の雪情景　八、朝鮮博覽會の盛觀
九、金剛山の紅葉の秋　十、京城昌慶苑の櫻花

此の背景の裝置に至りては各種の電色と無數の豆電氣を以て電飾する等美觀を極め宏壯なる規模は内部の艶麗と相俟つて演藝娯樂の一大殿堂たり又場内に於ける一大偉觀とす

觀覽席定員は階下六百八、階上二百八、計八百八にして建坪は階下三百四十七坪階上二百八十七坪延總坪數六百三十四坪とす

館内各間取區分を擧れば左の如し

階上　觀覽席、喫煙休憩所

階下　觀覽席、正面舞臺、左右囃子臺及兩花道、事務室、切符賣場、喫煙休憩所、男女便所

奥　樂屋（大廣間二間）宿直室、衣裳部屋、湯呑所、洗面所、浴場、男女便所

接待館

本館は博覽會事務局の設計建造に係り内部裝飾調度品其他の設備萬端は本會に於て負擔し使用に充てたるものにして慶會樓西方の池畔に位置し老松欝蒼として左右を擁し翠緑水明の風致を添へ眺望佳絶恰

も仙境の感あらしむ其の外觀は純朝鮮式にして正面玄關前には長三十六尺幅十六尺の木造欄干付橋梁を架設し碧棟朱塗の極彩色は古雅朝鮮風の味を偲ばせ眞に其の趣きを表現せしめたり

各室區分坪數左の如し

休憩室	二間	十九坪五合一間 十三坪三合四勺一間
湯呑所	一間	二坪六合六勺
物置	一間	二坪六合六勺
便所	一間	二坪六合六勺
廻廊下		三十三坪七合八勺
計	七十四坪六合	總建坪數

野外劇場

本館は會場內の中央部に位置し前に大廣場を控へ群集に自由に觀覽をなさしめ且つ雜沓を避くるに努めたり、建築は總建坪五十一坪五合にして舞臺の幅六間、奥行二間半床高さ四尺五寸後部には樂屋、道具置場浴場を設け様式は近世式にして外部は薄クリーム色に仕上げ各種の演技に適さしむ、背景は原田愼吉氏に依賴し新に造營せられたる京城神社の風景を揮毫せしめたり

子供の國

會場內の東端にして老樹各所に點在し約八千坪に達する廣坦なる地域にして兒童の遊戲場として絕好の地を選ひたり

地域の周圍には子供用として鐵道局の計畫經營に係る小幅の鐵道線路を布設し小型の機關車及び客車を造り二ヶ所の隧道內に世界名所風景と鮮內名所をパノラマ式に現はし世界一週の汽車旅行氣分に兒童をして多大なる感興を惹かしめたり

此の鐵道線圈內一帶を子供の國とし其の停車場脇の鐵道踏切の所へ正門を建て門內廣場の中央に裝飾塔及噴水、金魚池を配設し各種の娛樂設備、幼年運動場等を建設して兒童の趣好に適するやう遺憾なきを期せり

其の種別左の如し

一、メリーグランド　（六　人　乘）　一ヶ所
一、サークリング　（六十人乘）　一ヶ所
一、飛　行　塔　（六人乘四機）　一ヶ所
一、海　底　館　（建坪百坪）　一ヶ所

一、猛獸狩館　（建坪十坪）　一ケ所

一、幼年運動場　（地積五十坪にして床板張天幕張とす）　一ケ所

一、幼年滑り臺　三個

一、籐籠腰掛付鞦韆　十個

一、木馬　十個

一、幼年シーソー　三個

一、動物型腰掛　十個

運動遊戯具の配置左の如し

一、大象滑り臺　（モーターサイレン入）　一ケ所

一、ノンキナトウサン滑り臺　（モーターサイレン入）　一ケ所

一、象滑り臺　四ケ所

一、鬼に金棒ブランコ　一ケ所

一、ブランコ　六ケ所

一、鐵製家族ブランコ　二ケ所

一、移動ブランコ　（籐籠腰掛付）　二十ケ所

一、自動木馬　十ケ所
一、動物付遊動圓木　一ケ所
一、遊動圓木　二ケ所
一、ジャングルジム　一ケ所
一、鐵製舟形シーソー　二ケ所
一、シーソー　六ケ所
一、鐵棒　二ケ所
一、回轉圓鐶　一ケ所
一、ヘルス　一ケ所

賣店及飲食店

賣店　本會は各商品販賣者の便宜を計り第二會場内に賣店を建設して一定の規程に據りて各希望者に賃貸の契約をなしたり

賣店の建坪區分左の如し

木造平家亞鉛浪板葺　總戸數七十戸

此總建坪二百十坪

一戸〔間口二間 奥行一間半〕三坪宛にて三戸建乃至十戸建として通路の兩側に對列建設せり

朝鮮飲食店　第一會場内西南端の廣場に朝鮮飲食店を建設し規程に據り夫々希望者に賃貸の契約をなしたり其の建坪區分等左の如し

木造平家亞鉛浪板葺　　總戸數二十二戸

一戸〔間口四間 奥行二間半〕十坪宛とす

此總建坪二百二十坪

萬國街及マネキンガール舞臺

萬國街　第一會場の西北隅神武門内に約八百坪の地域を選び木造丸太建にて舞臺樂屋六十三坪五合觀覽席總て百四十餘坪何れも吹拔き、家根は浪形亞鉛板葺にて樂屋仕切りを布張りとし觀覽席には取付腰掛及立見棧敷を設置し觀覽客の定員を八百名とす入口には大アーチ及改札所を造り門外に切符賣場を其左側には繪看板掲示場を建設せり

マネキンガール舞臺　は一般の觀覽に便にし且つ群集の雜沓を避くることを考慮し朝鮮銀行前の廣場及會場内司法警務衛生館前廣場の二ヶ所を選び建設したり

其の構造は

現代式木骨にて外觀は漆喰塗とし舞臺内部は布張、天井はモス水色布にて中央絞りとし床は板張りとなし奥に休憩所及出入口を造り板扉を付したり此建坪各四坪とす

案内所其他

各驛案内所構造 は京城驛、龍山驛、清涼里驛の三ヶ所の構内に便宜なる地點を選び建設したり

京城驛案内所　現代式とし木骨にして外部は下見板張りとし内部は羽目張、床は土間とし案内口窓及棚板を取設け硝子障子を嵌込み出入口二ヶ所を取設けたり此建坪四坪とす

龍山驛 清涼里驛 案内所　前同斷にて出入口を一ヶ所とす此建坪各二坪とす

無料休憩所 は景福宮内宮殿の一部にして貴重なる古代建築物として保存せらるゝ慶會樓を特に諒解を受け公衆の無料休憩所として使用に充てたり

音樂堂構造 は博覽會事務局の設計建設に係り慶會樓池畔の南廣場に設けられ專ら本會の用途に充てたり

人造石腰廻りに手摺を付し木造四角形の色ペンキ塗のアヅマ家造りにして建坪十二坪三合なり

自動寫眞館　會場内の中央部野外劇場西側にて最も往來の便なる地を選び建設したり

構造

木造平家建にて表三間半奥行二間此建坪七坪洋風造りにしてトタン葺片屋根床土間にて外壁羽目板及トタン園ペンキ塗りにて出入口三ヶ所各板引戸を付したり

電燈電力

會場の外廓に沿ふて高壓の幹線を架設し之より各種の低壓に落し總ての建設物に引込み晝夜使用の施設をなし更に動力用照明用に分ちキロワット數六百以上とす

電話

當初ドイツのシーメンスハルスケ會社の最新式自働交換機を据付け百口、五十口の二臺の交換機を備え十九の回線を收容して各館に配置したるも逐日加入者を增すと共に通話數著しく增加し不足不便を生ずるに至り更に十回線を增し二十九回線を收容して遞信局所藏の磁石式交換臺三臺を据付け通話の完全を計りたり

水道

水道施設　四インチの幹線を總督府廳舍より引込み場內消火用として十三ヶ所に消火栓を設け他は各館に分岐せしめ場內各飲食店に至る迄夫々布設したり

地鎮祭　昭和四年六月二十五日演藝館の建築起工に當り京城神社々掌市秋弘氏司祭の下に博覽會事務局側より各部長、主任等本會より總裁以下各役員一同其他關係者參列し壯嚴なる地鎮祭の式典を擧げ式後慶會樓に於て一同祝宴を開催したり

開會中の事業

接待

接待館及來觀者接待

本館にて接待する人は内外貴賓博覽會優待劵及本會の發行に係る茶菓劵の所持者に限りたるものにして來館者に對しては本館專屬の事務員一名女子接待員八名をして常に接待に當らしめたり女子接待員には一定の被服を給與着用せしめ容姿を端正にして言動を愼み努めて禮を失することなきを期せしめたり

入場休憩者に對しては悉く朝鮮特產の人蔘茶及本會特製の徽章入の菓子並に博覽會鳥瞰圖、繪葉書、其他の印刷物をも供して接待に努めたり

人蔘茶は左記の調合に依るものとす

人蔘六十匁、陳皮三十匁、乾棗三十匁、生薑十五匁、砂糖二十匁、玄米一合、水一斗、

會期中の來館者總數五萬八千六百六十四人にして一日平均千百七十三人强とす之を團體、個人に區別すれば左の如し

團　體　　三百四十一團體　　此人員一萬四千二百二十九人

個　人　　　　　　　　　　　　　　此人員四萬四千四百三十五人

茲に本館の無上の光榮として特筆すべきは　閑院宮殿下の御臺臨なりとす

十月一日　閑院宮殿下博覽會開會式に御臺臨場内御巡覽の際午前十時本館御着豫て準備申上げたる奉迎室にて御休憩、博覽會事務總長、同經營部長及本會々長、理事長以下役員關係者御歡待を申上げ午前十一時御退館尙ほ場内を御巡覽あらせられたり

本館の各室裝飾は中村花店主人中村義太郎氏の斡旋により古流池の坊、靑山流、生才流生花各師範職の手になる生花十二瓶乃至十六瓶の陳列をなせり右生花は三日毎に各流師範交代に生替へ會期中繼續して館内の裝飾に一段の風致を添へたり其生花の流儀師範氏名左の如し

池の坊　（イロハ順）

大坪鶯妙	丹原香芳	中村嘉明	村上美芳
內田翠香	草野秀窓	山縣香風	松岡美榮
榊原光雲	酒寄光玉	木村鳳聲	清城香幽

靑山流

蜂谷逸雅	竹村松雅	前川橘堂	河野梅枝
有吉梅里	三輪梅雪		

生才流
中島錦泉
文人投入
大坪にわ　　中村義太郎　　内田マツ子　　山縣國作
榊原三郎　　清城茂十郎

右生花の外盤景三才流の京城本町五丁目五十三番地の栗原彗川師は特に三面の盤景を陳列せられたり
右に對しては夫々謝禮狀を贈り其厚意を謝せり

各種大會及接待

朝鮮博覽會の開催を機として當地に於て催されたる日本新聞協會第十七回大會、全國教育大會、全國金物商聯合大會、農學關係全國諸學會聯合大會、全國水產大會、在鄉軍人聯合大會、赤十字愛國婦人會總會、大日本武德會朝鮮本部發會式、全鮮靑年聯合大會、全鮮消防組長大會、全鮮金融組合大會等を始め產業　商工業其他各種團體、組合の全國或は全鮮に亙る聯合大會の數は三十六會此の總人員二萬百七十七八の多數に達す

本會は之等の大會に對しては特に專務係員を設け會場の設備旅館の斡旋は勿論出席者には悉く紹介及記念たるべき各種の印刷物を配付し或は會に對する補助金を交附し其他名勝古蹟の案內晝食の饗應接待

館演藝館の案內或は招宴に記念品の贈呈等に相當優遇の方法を盡し博覽會の宣傳及觀覽者の誘致に努めたると共に鮮外の來觀者に對しては殊に朝鮮事情の說明、紹介をなし能く半島の理解を得せしむるは此の機會に於ける本會の一使命なりとし會長以下理事長各理事を始め夜を日に繼ぎ接待に訪問に席暖まるの暇なく全力を注いて目的の達成に努めたり

茲に大會の種別を擧くれば左の如し

各種大會表

會名	開會日時	人員	主催者	會場
朝鮮旅館業組合大會	九月・一五日	一六〇人	新田利兵衛	公會堂
日本新聞協會第十七回大會	同・二〇	一六〇	理事長 光永星郎	朝鮮ホテル
鮮滿聯合神職大會	同・二〇	六〇	朝鮮神職會長 高松四郎	社會館
朝鮮青年團大會	同・二三	三、〇〇〇	京城府聯合青年團	勤政殿
朝鮮社會事業大會	同・二六	三六八	副會長 生田淸三郎	同
全國敎育大會	同・二九 三〇	二、五〇〇	朝鮮敎育會長	同
朝鮮メートル協會總會	一〇・二	一〇〇	朝鮮メートル協會	商品陳列館
赤愛會朝鮮本部總會茶話會	同・三	七〇〇	赤愛會朝鮮本部	勤政殿
帝國在鄕軍人會全鮮大會	同・三 四	一、〇〇〇	吉富庄祐	練兵場

全鮮印刷業者大會	一〇・四	八五	全鮮印刷組合	商品陳列館
朝鮮蠶糸會總會	同・四	五〇〇	會頭有賀光豊	公會堂
全鮮辯護士大會	同・六	一五〇	辯護士會	同
全鮮公職者大會	自同・六 至同・八	二七一	代表藤村忠助	府廳會議室
全國菓子業大會	同・六	三〇〇	本吉清一	勤政殿
體育大會	自九・一五 至一〇・二五	三〇〇	朝鮮體育協會	京城運動場
全鮮自動車業大會	同・七	一五〇	會長土井一義	商品陳列館
眞言宗大會	同・七	七〇五	高野山澤光範	勤政殿
全鮮寫眞師大會並講演會	同・七	一一〇	京城朝鮮寫眞師同志會長	社會館
金光教全鮮大會並講演會	同・七	五〇〇	金光教朝鮮布教管理所	公會堂
朝鮮畜産大會	同・八	一、三〇〇	朝鮮畜産協會	同
全鮮理髪師聯合大會	同・八	三〇〇	木村重太郎	勤政殿
全鮮醤油釀造業大會	同・一〇	八〇	戸島祐次郎	商品陳列館
朝鮮商議聯合會	自同・一〇 至同・一二	三〇	朝鮮商議聯合會	商業會議所
朝鮮穀物商組合聯合大會	同・一一 同・一二	五〇〇	書記長佐藤陽三	公會堂
朝鮮佛教大會	同・一一	五〇〇	朝鮮佛教團	勤政殿
全國金物商聯合大會	同・一二	二五〇	組合長釘本藤次郎	同
全鮮藥業大會	同・一三	四六〇	京城藥業組合	同
朝鮮金融組合大會	同・一四 同・一五	一、五〇〇	會長草間秀雄	偕行社

農學關係諸學會聯合大會	同・一七	六三〇	農業關係諸學會聯合大會	商品陳列館
全國水產大會	同・一八	三〇〇	朝鮮水產會	同
京城郵便所長聯合會	同・一八 同・一九	一九八	會長 波多江 千代藏	公會堂
朝鮮山林會第三回總會	同・一九	六〇〇	朝鮮山林會	商品陳列館
全鮮酒造業大會	同・一九	六〇	石原磯次郎	勤政殿
農業者大會	同・一九	一五〇	朝鮮農會	社會館
全鮮消防組頭大會並功績者表彰式	同・二一	一、二〇〇	朝鮮消防協會	勤政殿
大日本武德會朝鮮地方本部發會式	同・二二	一・〇〇〇	警察官講習所	同
計 三六		二〇、一七七人		

團體の接待

前項記するが如く一般事業の外特種の使命を有する本會は鮮外觀覧者の誘致に一層の力を注ぐと共に其の接待にも亦た遺漏なきを期したり本會の扱に係る鮮外團體の觀覧者は三百四十一團體にして其員數二萬四千三百七十一人の多數に達す本會は之等觀覧者に對しては悉く紹介記念の各種印刷物を贈呈し或は晝食の接待又は接待舘演藝舘の案内或は招宴等に相當の優遇をなしたり。

本會は團體及特種の視察者發着に際しては各驛内に常置せる案内係員の迎送斡旋は勿論尙は會長以下理事長、理事を始め接待部員交々出場して日夜頻繁なる列車の發着毎に迎送に努むると共に絶へ間なく各種の接待に或は訪問案内等に奮勵努力し萬遺漏なきを期したり來觀者各位が何れも衷心滿足の意を表して退城せられたるは本會の最も欣幸とする處なり。

今團體の接待種別數及地方別表を擧ぐれば左の如し。

接待種別	團體數	人員
招宴	一〇七	三、八一八
晝餐	一七一	四、三五四
茶菓	二四一	一四、二二九
贈呈品（紹介印刷物 記念）	三四一	二四、三七一

接待團體地方別表

地方	數	地方	數
鮮内	五五	五畿地方	二九
東京	三三	關東	一四
大阪	二九	四國	七
京都	一〇	奥羽	七
名古屋	五	北海道	三
神戸	二	滿洲	三八
横濱	一	間島	三
九州	三九	臺灣	二
山陽	三五	雜	二〇
山陰	九	合計	三四一

鮮外の視察團にして本會の特筆して感謝の意を表するものは博多ドンタク團の一行にして同團は昭和二年福岡市に於て開催せられたる東亞勸業博覽會に對し全鮮官民一致の後援を受けたるに感激し謝禮の

意味を以て福岡市工藝團體聯合會長兒島紀七郎氏主催福岡市役所後援の下に博多松囃子(どんたく)視察團を組織し古來吉例の型を以て時實市長を團長となし京城福岡縣人會應援下に一行三百餘名堂々たる大團體を以て九月二十二日入京會場の内外に亙り興趣を副へ宣傳振興に多大の援助を與へられたり。

旅館の斡旋

本會は觀覽旅客の殺到に際し收容不能又は迷惑不都合等なきを期すべく豫め旅館の專務係を置き各警察官署、旅館組合、人力車自動車組合と常に協議を遂げ各旅館、車輛の準備調査、料金の標準、旅館の割當、待遇等に付き愼重なる準備計畫を立て會期中は常に案内係二名旅館係事務員一名の外旅館組合より二名の事務員を驛内に出張せしめ旅館、車馬等の斡旋其他案内等萬遺漏なきを期したり。鮮人側旅館に付ては豫め各道事務所各道協賛會と協定し各道の指定旅館として夫々割當配屬せしめ鮮人側來觀者の便宜を計るに努めたり。

諸案内

本會は博覽會觀覽者に對し諸種の便宜を計る爲め案内係設置の必要を認め開會前に於て志願者四十名を募集し五日間に亙り案内者心得、各名所舊蹟其他必要の事項に付き講習を開き内十一名を選拔採用して接待部に屬せしめ事務員一名を監督取締の任に當らしめ諸案内の業務に從事せしむ其の配置左の如し

京城驛案内所　二名（朝一番列車時間より夜終列車時間まで）
龍山驛案内所　一名（同　上）

清涼里驛案內所　一名（同　上）

事務所及會場　六名

驛內詰の案內員は常に團體其他の視察客の迎送、驛內に於ける諸斡旋及旅館の斡旋案內等に從事す。事務所及會場詰の案內員は常に團體其他視察客の市內巡覽及會場觀覽の案內說明等に從事するの外各種接待の補助に當らしむ。

而して案內を要したる鮮外團體其他二百三十九團體にして其員數實に一萬六千八百七十八の多きに達したり。

無料休憩所及共同椅子

無料休憩所は慶會樓を開放し公衆の自由休憩に便ならしめたり。

而して學生團其他の團體等にして辨當を與へ或は特種團體が使用を申込みたる時は本會に於て隨時設備を施し茶湯の接待其他夫々便宜を與へたり。

共同椅子は音樂堂の附近、接待館西の松原、演藝館前廣場、野外劇場前、子供の國等に設備し觀覽者の隨意休憩の便を計りたり。

觀覽者携帶品一時預り

此經營は本協賛會監督の許に京城府聯合青年團に委託し聯合青年團に於ては團長前田昇氏副團長高井健次氏監督せられ專ら同會の幹部小出常市氏中井左右一氏角田由太氏の三名其の衝に當れり。

従業人員　一日拾五名宛　延人員七百五十名

預リ品名	一個ノ料金	預リ個數	合計料金
觀覽者用團體旗 自轉車乳母車	金拾錢	六百十一個	金六拾壹圓拾錢
携帯品	金五錢	五千七十四個	金貳百五拾參圓七拾錢
商用自轉車	金五錢	三千百九十七個	金百五拾九圓八拾五錢
合計		八千八百八十二個	金四百七拾四圓六拾五錢

此收支計算左の如し

収入の部

一金四百七拾四圓六拾五錢　合計料金額

一金參百圓　京城協賛會補助金

計金七百七拾四圓六拾五錢

支出の部

一金七百五拾六圓參拾參錢　竹籠、網、其他必要什器代人夫賃等

一金拾八圓參拾貳錢　聯合青年團に收納の分

計金七百七拾四圓六拾五錢

收支差引殘なし

餘興

演藝館

九月十二日博覽會開場式の擧行せらるゝと共に本館は出演者及關係者一同の總顔揃にて淸祓式によつて舞臺は開かれたり爾後開館總日數五十日間京城府內各劵番(內地人側二劵番 鮮人側四劵番)に屬する藝妓妓生の選拔者六百二名をして開場前二ヶ月餘に亙り特に修練を積みたる各種の演藝等を花々しく上演せり。

本館は每日正午開館午後四時半閉館とし一日二回宛開演し內鮮各一劵番宛を一日交代に出演せしめたり各劵番の出演者數出演回數を擧くれば左の如し(プログラムは附錄として詳記す)

劵番名	出演藝妓數	出演回數
本劵番	九一	二六
新町劵番	八六	二五
朝鮮劵番	二九六	一四
漢城劵番	六八	一三
京城劵番	二六	一三
漢南劵番	三五	一三
計	六〇二	一〇四

演藝館案內 本館は夫々所要事務員の外入場者の便宜を計り特に女案內員二名を置き入場客の案內、接待に從事せしむ。

演藝館入場料 に關しては元より營利を目的とするものに非ざるを以て許す限り低廉に觀覽に供する事に努め市中一般興行に比し遙に低減し殊に均一制度を取りたり。

入場料金は規定の樣式による本會發行の觀覽劵を札賣場に於て販賣し毎夕閉館後會計部精算の上現金引渡を行へり。

入場料金左の如し。

大　　人	五十錢
小　　人（學生軍人を含む）	二十五錢
一般團體及學生團體（三十人以上）	一割引
觀覽劵（三十枚以上購入者）	一割引

本館の記事中特筆すべきは　閑院宮殿下十月一日接待館に御休憩の後特に本館へ御台覽の光榮を辱ふし本劵番、漢南劵番の出演に始終御興深く欒はせられ尚ほ御思召に依り御土產用として翌二日御附職員をして新町劵番、京城劵番の上演を活動寫眞に撮影せしめられたるは本會は勿論演藝館及び出演者は無上の光榮に浴したる次第なり。

本館の入場人員調を擧くれば左の如し。

演藝館入場人員調

月日	七曜	出演券番	有料入場者	招待入場者	合計	入場券收入額	摘要
九、一二	木	本券、新町券、朝鮮券、漢南券、漢城券、京城券	一九四	一、四〇〇人	一、五九四人	九四・二五円	朝鮮總督、政務總監臨席、開場式來賓招待
同一三	金	本券、朝鮮券	三八五	六七	四五二	一七五・四一	
同一四	土	新町券、漢城券	三五九	六一	四二〇	一六六・〇〇	
同一五	日	本券、漢南券	七九五	一五七	九五二	三三五・一一	
同一六	月	新町券、京城券	三二四	五八	三八二	一四四・三七	富山縣商工團體二五名招待
同一七	火	本券、朝鮮券	五〇四	一六八	六七二	二三四・二九	名古屋商工團體四八名招待
同一八	水	新町券、漢城券	二七八	四一	三一九	一三一・〇〇	
同一九	木	本券、漢南券	四三四	一七三	六〇七	二〇三・二五	京都日蓮宗團體三〇名招待
同二〇	金	新町券、京城券	五二一	一二一	六四二	二四二・八〇	
同二一	土	本券、朝鮮券	五五六	三〇三	八五九	二五五・五五	內地新聞記者團體一六〇名招待
同二二	日	新町券、漢城券	一、四四八	六〇〇	二、〇四八	六四三・六六	
同二三	月	本券、漢南券	八七八	五二二	一、四〇〇	三八九・五二	午後一時ヨリ一時間博多ドンタク特別出演
同二四	火	新町券、京城券	五七五	八九	六六四	二六四・七〇	
同二五	水	本券、朝鮮券	五四〇	一二〇	六六〇	二四三・七一	
同二六	木	新町券、漢城券	四〇〇	八二	四八二	一九一・一〇	松田拓相、京都府會議員等二七名招待
同二七	金	本券、漢南券	五六六	九九	六六五	二六〇・九八	
同二八	土	新町券、京城券	四八二	一一三	五九五	二三二・八〇	香川縣商品陳列所長外六名招待

同二九	日	本券 朝鮮券	一、三一二	三〇五	一、六一七	五八七・二六	
同三〇	月	新町券 漢城券	六九〇	一三一	八二一	三二九・一五	午前十一時半ヨリ三十分間閑院宮殿下御臺覽ヲ賜ル博覽會開式來賓七五〇名招待
一〇、一	火	本券 漢南券	四二五	八三〇	一、二五五	一八八・四四	
同二	水	新町券 京城券	一五八六	三三二	一、九一八	七二〇・二五	閑院宮殿下御土産用トシテ御附ノ者ヲシテ活動寫眞撮影セシメラル
同三	木	本券 朝鮮券	八六四	一五一	一、〇一五	四一五・四〇	
同四	金	新町券 漢城券	一、二〇〇	二二九	一、四二九	五三四・九三	衆議院議員一行一五名招待
同五	土	本券 漢南券	九七二	一七九	一、一五一	四六一・四九	
同六	日	新町券 京城券	一、三九九	四六八	一、八六七	六二八・七八	大阪市團體二三名海軍々樂隊二六名招待
同七	月	本券 朝鮮券	六三四	一七二	八〇六	二八三・八一	奈良縣實業團、大連新聞社視察團招待
同八	火	新町券 漢城券	八七二	四一三	一、二八五	四一六・一〇	全鮮公職者大會員一〇〇名大每本山社長夫妻一行一〇名招待
同九	水	本券 漢南券	八八四	二二九	一、一一三	四二六・六五	貴族院議員一行八名靜岡縣參事會員八名招待
同一〇	木	新町券 京城券	八五六	三〇四	一、一六〇	四一三・六五	
同一一	金	本券 朝鮮券	一、〇八七	二〇二	一、二八九	四八八・九八	
同一二	土	新町券 漢城券	九八一	二三二	一、二一三	四五六・五〇	
同一三	日	本券 漢南券	一、四四九	六三一	二、〇八〇	六四三・四三	
同一四	月	新町券 京城券	七四三	一七五	九一八	三五四・八五	
同一五	火	本券 朝鮮券	七〇一	四三三	一、一三四	三三八・三〇	
同一六	水	新町券 漢城券	八三四	二五〇	一、〇八四	三九九・〇五	
同一七	木	本券 漢南券	一、三一二	四二八	一、七四〇	五九九・三三	

月日	曜	券					備考
一〇、一八	金	新町券 京城券	一、〇〇六	二三五	一、二四一	四二〇・五二	
同一九	土	本券 朝鮮券	七九九	二五四	一、〇五三	三八五・一〇	
同二〇	日	新町券 漢城券	一、五九一	七三六	二、三二七	六一五・四五	
同二一	月	本券 漢南券	七〇九	三一三	一、〇二二	三一六・六五	報德會長朝鮮鐵道社長一行一〇名招待
同二二	火	新町券 京城券	四一四	二二四	六三八	一九二・一五	
同二三	水	本券 朝鮮券	八三一	四四〇	一、二七一	三六三・五四	
同二四	木	新町券 漢城券	六七二	三六四	一、〇三六	二八八・一〇	演藝館デーヲ催シ有料入場者ニ對シ抽籤ニ依リ景品贈呈一等白米一俵以下數百點
同二五	金	本券 漢南券	六七五	四六五	一、一四〇	三二二・四五	
同二六	土	新町券 京城券	五四七	二八七	八三四	二四一・五九	
同二七	日	本券 朝鮮券	一、二四一	九〇九	二、一五〇	四五四・九七	
同二八	月	新町券 漢城券	四八〇	五九七	一、〇七七	二二九・〇〇	
同二九	火	本券 漢南券	一、一五七	九五三	二、一一〇	五四〇・〇五	シャム皇族アロンコット殿下一行一五名御招待
同三〇	水	新町券 京城券	一、〇七二	一、一一三	二、一八五	四九五・二五	
同三一	木	本券 朝鮮券	一、二九四	七四九	二、〇四三	一二九・四〇	無料開放（場內整理トシテ十錢宛申受ク）
計			四〇、五二八	一七、九〇七	五八、四三五	一七、八八九・〇七	

子供の國

本會は多數なる兒童遊覽者の爲めその擁護と遊戲場を兼て「子供の國」を建設し有料無料の各種遊戲、運動機具を設備したり加之場域の周圍に鐵道局の經營に成る子供用小型汽車の世界一週の思考と相俟つ

て一層の人氣を博し日々大小人の入場者織るが如く肩摩轂擊の一大盛況を呈し場內唯一の呼物となれり
場內の設備を種別すれば左の如し。

有料の部

メリーグランド　使用料大小人共一人一回金五錢
サークリング　同　上
飛行塔　使用料大小人共一人一回金十錢
海底館　入場料大小人共一人一回金五錢

無料の部

幼年運動場
專ら幼年者のため擁護遊戲場として一部の區域を定め各種の設備をなしたり。
但前設備の部に詳記したるを以て略す。
自由遊戲
兒童が隨意に遊戲、運動をなし得べく各種の機具類を處々に設備し一般に使用を自由ならしむ。
但前設備の部に詳記したるを以て略す。
猛獸狩館

本館は一種の教育遊戯として造營したるものにして初め有料遊戯の豫定なりしも種々なる事情に鑑み開放の至當なるを認め九月二十二日以降無料開放としたり。

各種入場人員、入場料を擧ぐれば左の如し。

メリーグランド

月日	七曜	入場人員	入場料	摘要
九、一二	木	二一人	一・〇五円	
同一三	金	六三	三・一五	
同一四	土	五四	二・七〇	
同一五	日	六六四	三三・二〇	
同一六	月	六四	三・二〇	
同一七	火	二〇三	一〇・一五	
同一八	水	—	—	
同一九	木	一一八	五・九〇	
同二〇	金	一四九	七・四五	
同二一	土	一〇四	五・二〇	
同二二	日	九七〇	四八・五〇	
同二三	月	六九〇	三四・五〇	
九、二四	火	一二〇人	六・〇〇円	
同二五	水	一二九	六・四五	
同二六	木	四五	二・二五	
同二七	金	一七八	八・九〇	
同二八	土	一七一	八・五五	
同二九	日	七四四	三七・二〇	
同三〇	月	一五五	七・七五	
一〇、一	火	二〇八	一〇・四〇	
同二	水	六三九	三一・九五	
同三	木	一七〇	八・五〇	
同四	金	一六一	八・〇五	
同五	土	二〇〇	一〇・〇〇	

月日	七曜	入場人員	入場料	摘要
一〇、六	日	五八六	二九・三〇	
同七	月	三一	一・五五	
同八	火	一九〇	九・五〇	
同九	水	一三〇	六・五〇	
同一〇	木	一六三	八・一五	
同一一	金	一六八	八・四〇	
同一二	土	一八五	九・二五	
同一三	日	六三五	三一・七五	
同一四	月	一四五	七・二五	
同一五	火	一〇九	五・四五	
同一六	水	一四二	七・一〇	
同一七	木	二三二	一一・六〇	
同一八	金	二四九	一二・四五	
同一九	土	一一〇	五・五〇	
一〇、二〇	日	六一四	三〇・七〇	
同二一	月	四三	二・一五	
同二二	火	九〇	四・五〇	
同二三	水	一七二	八・六〇	
同二四	木	八五	四・二五	
同二五	金	八七	四・三五	
同二六	土	一五四	七・七〇	
同二七	日	七三九	三六・九五	
同二八	月	九八	四・九〇	
同二九	火	一三六	六・八〇	
同三〇	水	二三五	一一・七五	
同三一	木	ー	ー	
計		一一、五四八	五七七・四〇	

サークリング

月日	七曜	入場人員	入場料	摘要
九、一二	木	一五三人	七・六五円	
、一三	金	四五三人	二二・六五円	

九、一四	土	二七〇	一三・五〇
同 一五	日	一、六四一	八二・〇五
同 一六	月	二七六	一三・八〇
同 一七	火	七六〇	三八・〇〇
同 一八	水	一三九	六・九五
同 一九	木	四七六	二三・八〇
同 二〇	金	一、一八七	五九・三五
同 二一	土	一、三七一	六八・五五
同 二二	日	三、一九六	一五九・八〇
同 二三	月	三、二三三	一六一・六五
同 二四	火	一、二一四	六〇・七〇
同 二五	水	一、〇四三	五二・一五
同 二六	木	六六八	三三・四〇
同 二七	金	一、一七七	五八・八五
同 二八	土	一、三一二	六五・六〇
同 二九	日	三、二四四	一六二・二〇
同 三〇	月	一、二四七	六二・三五
一〇、一	火	七〇二	三五・一〇
同 二	水	二、八二九	一四一・四五

一〇、三	木	一、七四〇	八七・〇〇
同 四	金	一、三八二	六九・一〇
同 五	土	一、二八一	六四・〇五
同 六	日	三、〇四〇	一五二・〇〇
同 七	月	一四六	七・三〇
同 八	火	一、二三一	六一・五五
同 九	水	七四七	三七・三五
同 一〇	木	一、〇九五	五四・七五
同 一一	金	一、四九三	七四・六五
同 一二	土	一、五〇〇	七五・〇〇
同 一三	日	二、六七八	一三三・九〇
同 一四	月	七一九	三五・九五
同 一五	火	九〇七	四五・三五
同 一六	水	九一七	四五・八五
同 一七	木	一、六三六	八一・八〇
同 一八	金	一、四二三	七一・一五
同 一九	土	六八八	三四・四〇
同 二〇	日	三一五	一五・七五
同 二一	月	三六五	一八・二五

月日	七曜	入場人員	入場料	摘要
一〇、二二	火	四二七	二一・三五	
同二三	水	五四四	二七・二〇	
同二四	木	三〇一	一五・〇五	
同二五	金	二八四	一四・二〇	
同二六	土	三一七	一五・八五	
同二七	日	二、三六八	一一八・四〇	
一〇、二八	月	二四九	一二・四五	
同二九	火	五三一	二六・五五	
同三〇	水	七九九	三九・九五	
同三一	木	—	—	
計		五五、七一四	二、七八五・七〇	

飛行塔

月日	七曜	入場人員	入場料	摘要
九、一二	木	三〇六人	三〇・六〇円	
同一三	金	五〇五	五〇・五〇	
同一四	土	五六一	五六・一〇	
同一五	日	一、六六八	一六六・八〇	
同一六	月	三四七	三四・七〇	
同一七	火	一一	一・一〇	
同一八	水	一三〇	一三・〇〇	
同一九	木	七八六	七八・六〇	
同二〇	金	一、一一七	一一〇・八六	
九、二一	土	一、一六七人	一一六・七〇円	
同二二	日	二、〇〇四	二〇〇・四〇	
同二三	月	一、九一八	一九一・八〇	
同二四	火	一、一〇九	一一〇・九〇	
同二五	水	八八九	八八・九〇	
同二六	木	六八二	六八・二〇	
同二七	金	九六三	九六・三〇	
同二八	土	一、〇九七	一〇九・七〇	
同二九	日	二、〇〇〇	二〇〇・〇〇	

海底旅行館（九月二十日ヨリ開館）

九、三〇	月	一、二三〇	一二三・〇〇
一〇、一	火	八一六	八一・六〇
同二	水	一、七四〇	一七四・〇〇
同三	木	一、三一〇	一三一・〇〇
同四	金	一、二三九	一二三・九〇
同五	土	一、一一六	一一一・六〇
同六	日	一、八九〇	一八九・〇〇
同七	月	四〇三	四〇・三〇
同八	火	一、二五六	一二五・六〇
同九	水	一、〇〇五	一〇〇・五〇
同一〇	木	一、〇三九	一〇三・九〇
同一一	金	一、〇〇一	一〇〇・一〇
同一二	土	一、一〇四	一一〇・四〇
同一三	日	一、五二六	一五二・六〇
同一四	月	八四〇	八四・〇〇
同一五	火	八七六	八七・六〇
同一六	水	八二三	八二・三〇
一〇、一七	木	一、三八〇	一三八・〇〇
同一八	金	一、一七一	一一七・一〇
同一九	土	六三六	六三・六〇
同二〇	日	一、四七九	一四七・九〇
同二一	月	四一一	四一・一〇
同二二	火	三五八	三五・八〇
同二三	水	六〇五	六〇・五〇
同二四	木	四三二	四三・二〇
同二五	金	四二一	四二・一〇
同二六	土	五二〇	五二・〇〇
同二七	日	一、四五九	一四五・九〇
同二八	月	三四二	三四・二〇
同二九	火	六四六	六四・六〇
同三〇	水	五五三	五五・三〇
同三一	木	｜	｜
計		四六、八八七	四、六八七・八六

月日	七曜	入場人員	入場料	摘要
九、二〇	金	六〇九人	五三・九〇円	
同二一	土	六五九	五六・三〇	
同二二	日	四、九六二	二四八・一〇	
同二三	月	三、七一一	一五八・五五	
同二四	火	六八〇	三四・〇〇	
同二五	水	七七〇	三八・五〇	
同二六	木	五七八	二八・九〇	
同二七	金	九四六	四七・三〇	
同二八	土	一、〇九九	五四・九五	
同二九	日	二、五七二	一二八・六〇	
同三〇	月	一、二〇四	六〇・二〇	
一〇、一	火	九六一	四八・〇五	
同二	水	三、五二八	一七六・四〇	
同三	木	一、六一三	八〇・六五	
同四	金	一、六一七	八〇・八五	
同五	土	一、二九七	六四・八五	
同六	日	二、九二二	一四六・一〇	

月日	七曜	入場人員	入場料	摘要
一〇、七	月	五一二人	二五・六〇円	
同八	火	一、三五六	六七・八〇	
同九	水	七四二	三七・一〇	
同一〇	木	九二九	四六・四五	
同一一	金	一、〇五一	五二・五五	
同一二	土	九三三	四六・六五	
同一三	日	二、一五〇	一〇七・五〇	
同一四	月	八〇二	四〇・一〇	
同一五	火	六六八	三三・四〇	
同一六	水	六四九	三二・四五	
同一七	木	一、一五四	五七・七〇	
同一八	金	一、〇四六	五二・三〇	
同一九	土	六〇一	三〇・〇五	
同二〇	日	一、二五一	六二・五五	
同二一	月	三六二	一八・一〇	
同二二	火	二二六	一一・三〇	
同二三	水	四五六	二二・八〇	

月日	七曜	射的人員	料金	摘要
一〇、二四	木	二六二	一三・一〇	
同二五	金	二二八	一一・四〇	
同二六	土	二九九	一四・九五	
同二七	日	一、八五〇	九二・五〇	
同二八	月	三三六	一六・八〇	
一〇、二九	火	四七一	二三・五五	
同三〇	水	三一四	一五・七〇	
同三一	木	—	—	
計		四八、三七六	二、四六五・六〇	

猛獸狩館

月日	七曜	射的人員	料金	摘要
九、二〇	金	五一人	二・五五円	開館
二一	土	四三	二・一五	
計		九四	四・七〇	二二日以降無料公開

自動寫眞館 は近代の世界的發明機にして我國に於ても最新の輸入品にして本會は特に專門技師（機械携帶）一名、助手一名を聘し寫眞館を設備して公衆の撮影に應ぜしめたり。其の撮影者數一千二百二十七人にして此料金四百八十五圓十錢なり。

野外劇 は一般大衆向きの興に副ふものを選び一日も休みなく各種の催物を行ふ、就中魔奇術、曲藝等の如きは常に內鮮人の混雜殺到其の極に達するを常としたり。

出演物の種別概要を擧ぐれば左の如し。

野外劇場出演種別

出演物名稱	期間	摘要
神代神樂	自九月十二日 至九月二十一日 十日間	內地神樂ニシテ曲目御拔、猿田彥命、大國主命國讓、天の岩戶開、大蛇退治等
朝鮮式綱渡並トンボ返リ	自九月十三日 至九月二十二日 十日間	朝鮮ニ於ケル綱渡ハ普通少年ノ演技ナルモ本綱渡ハ齡妙ノ美少女ヲシテ演セシメタル處大人氣ヲ博シタリ
新派劇	自九月二十二日 至十月一日 十日間	新國劇第二黨ヲ招聘シ演シタル藝題喜劇生人形、廓ノ仇打、嫁角力、劍劇國定忠治等
支那奇術	自九月二十三日 至十月十七日 二十五日間	李有來一行奇術皿廻
六齊念佛	自九月二十七日 至十月三日 七日間	京都府下吉祥院村靑年團ノ出演ニシテ其ノ曲目一、打出シ二、お半長右衛門三、鐵輪四、本調子(都名所)五、手習子六、祇園囃シ七、手踊リ八、四ツ太鼓九、晒シ十、賴光蜘蛛退治十一、娘道成寺十二、狸の腹鼓み十三、大久保踊リ十四、吾妻獅子十五、獅子舞(附蜘蛛)等
出雲神樂	自十月四日 至十月十三日 十日間	出雲大社敎附屬神樂ニシテ曲目等神代神樂ト大同小異ニ付省略ス
朝鮮式綱渡並トンボ返リ	自十月十四日 至十月三十一日 十八日間	
朝鮮式滑稽歌舞	自十月十八日 至十月三十一日 十四日間	朴春載一行出演
魔奇術	自十月二十一日 至十月二十三日 三日間	李明鎬一行
支那奇術並曲藝	自十月二十四日 至十月二十七日 四日間	李伯齡一行
魔奇術	十月二十八日 一日間	黃伊淵一行
支那奇術並曲藝	自十月二十九日 至十月三十一日 三日間	李伯齡一行

野外劇場出演日表

月日 出演物 ＼ 時間	自前十二時 至後一時	後二時 同三時半

九月一二日	自九一三 至九二一	九二二	自九二三 至同二六	自九二七 至一〇一	自一〇二 至一〇三	自一〇四 至一〇一三	自一〇一四 至一〇一七	自一〇一八 至一〇二〇
神代神樂	自前十一時 至同十二時 神代神樂	自前十一時 至同十二時 朝鮮式女綱渡 同トンボ返	自前十一時半 至同十二時 支那奇術	自前十一時半 至前十二時 支那奇術	自前十一時半 至同十二時 支那奇術	自前十一時半 至同十二時 支那奇術	自前十一時半 至同十二時 支那奇術	自前十一時半 自同十二時 朝鮮式滑稽唄舞
神代神樂	後一時 同二時 朝鮮式女綱渡 同トンボ返	後一時 同二時 新派喜劇	後一時 同二時半 新派喜劇	前十二時 後一時 新派喜劇	後一時 同二時 六齊念佛	後一時 同二時 出雲神樂	後一時 同二時 朝鮮式女綱渡 同トンボ返	後一時 同二時 朝鮮式女綱渡 同トンボ返
	後二時 同三時 神代神樂	後二時 同三時 朝鮮式女綱渡 同トンボ返	後二時半 同三時 支那奇術	後一時 同二時 六齊念佛	後二時半 同三時 支那奇術	後二時半 同三時 支那奇術	後二時半 同三時 支那奇術	後二時半 同三時 支那奇術
	後三時 同四時 朝鮮式女綱渡 同トンボ返	後三時 同四時半 新國劇	後三時 同四時半 新國劇	後三時 同四時半 新國劇	後三時 同四時 六齊念佛	後三時 同四時 出雲神樂	後三時 同四時 朝鮮式女綱渡 同トンボ返	後三時 同四時 朝鮮式女綱渡 同トンボ返
			後四時半 後五時 支那奇術	後三時半 同四時 支那奇術				
				後四時 同五時 六齊念佛				

自一〇二一	至一〇二三		自一〇二四	至一〇三一	
自前十一時	至同十二時半	魔奇術	自前十一時	至同十二時半	支那奇術
前十一時半	同十二時	朝鮮式滑稽舞唄	前十一時半	同十二時	朝鮮式滑稽舞唄
零時半	後一時半	朝鮮式女綱渡 同トンボ返	零時半	後一時半	朝鮮式女綱渡 同トンボ返
後一時半	後二時半	朝鮮式滑稽舞唄	後一時半	後二時半	朝鮮式滑稽舞唄
後二時	同二時半	魔奇術	後二時	同二時半	支那奇術
後二時半	同三時	朝鮮式女綱渡 同トンボ返	後二時半	同三時	朝鮮式女綱渡 同トンボ返
後三時	同四時	魔奇術	後三時	同四時	支那曲藝

附記

神代神樂は長花長惠氏、六齊佛念は石原磯次郎氏、出雲神樂は祝部重道氏藤井文太郎氏川合昌一氏等の斡旋に係るものにして、十月十九日午後一時よりは田中半四郎氏の斡旋に係る香川縣粉所村青年團田萬組獅子舞の寄附出演ありて一段の光彩を添ふ處ありたり。

萬國街　は東洋及歐洲の數ヶ國に於ける最も目覺しき各種の演技者を網羅したる一の興行團にして何れも奇絶妙技他の追隨を許さゞる獨特のものにして常に觀客の賞讃を博し開館以來場內の呼物として入場者滿員の盛況を續けたり。

茲に出演者、演藝種目、入場者一覽を擧ぐれば左の如し。

萬國街出演者並演藝種目

人種別	氏名	演技要領
日本人	山本正男	一人オーケストラ。一人にしてヴアイオリン、ピアノ、ハーモニカ大鼓

		類等合計二五種の樂器を使用し樂譜に依りオーケストラを演奏するものにして音樂愛好家の賞讃を博したり
印度人	インヂャン、パーン	危險術。二尺餘の白刄を口中に呑下し蜻蛉返りをなし或は口外に出でゐる柄に椅子を掛垂らして舞臺面を廻る等のことをなす 日本舞踊、卓子上に一脚を除したる碁盤を置き其の上に三方、四個を積み重ねたる上にて五葉の松を舞ひ安東節に依り滑稽鰌掬ひ等を舞ふ蓋し一行中の人氣者なり
白系露西亞人	ニナー、アンタレス	ダンス。タンゴダンズ、セレナーデ、ユニークダンス等にしてダンスの本場ロシヤに於て洗練されたる舞姿は一般觀客をして恍惚ならしむるものあり
同	ベベー、ボビニナ	ダンス。ダンサー、ニナーの妹にして、チャーレストン其の他のダンスを演す
獨逸人	チャーレス・ドロン	普通魔奇術にして一般觀客をして驚嘆せしむ
チエツコ、スロヴアサア人	アンネタ、ブーシ	怪力演技 ○一錢銅貨を指先にて二箇に引裂き或は鋼鐵鎖を指頭にて捻切る ○五寸釘を厚二寸の木材に平手にて打込む ○厚二分巾一寸二分の鐵板を片手にて片腕に渦巻になす ○乘客滿載の自動車を體上疾走せしむ ○牛の角を捻じて牛を倒す 觀客をして手に汗を捻らしむること屢々殊に愛嬌ものにて一行中の白眉人氣を一人にて負ふの概ありて萬國街隨一の呼物となれり

萬國街日表（九月十六日ヨリ開演）

月日	七曜	入場人員	入場料	摘要
九、一二	木	—	—	設備中
同一三	金	—	—	同右
同一四	土	—	—	同右
同一五	日	—	—	同右
同一六	月	二〇九人	三六・〇九円	
同一七	火	七〇七	一一九・三二	
同一八	水	二七五	四八・八〇	
同一九	木	八四四	一四九・二〇	
同二〇	金	九一九	一五七・六〇	
同二一	土	九一九	一七二・四〇	
同二二	日	二、一六九	三八八・一〇	
同二三	月	二、三四七	四二四・〇〇	
同二四	火	九二一	一七八・六〇	
同二五	水	一、一二七	一九一・七〇	
同二六	木	一、〇二七	一九四・八〇	
同二七	金	一、二三〇	二三一・〇〇	

月日	七曜	入場人員	入場料	摘要
九、二八	土	一、七七九人	三三〇・二〇円	
同二九	日	二、九一一	五二四・七〇	
同三〇	月	一、八一三	三三〇・一〇	
一〇、一	火	一、二一八	二二五・一〇	
同二	水	四、八六七	七八三・四〇	
同三	木	二、三八一	四四〇・八〇	
同四	金	二、四二四	四四三・九〇	
同五	土	二、一二八	三八六・二〇	
同六	日	四、二四〇	七五三・〇〇	
同七	月	一、一〇八	一八三・一〇	
同八	火	三、〇六八	五四九・六〇	
同九	水	二、二八七	三九〇・二〇	
同一〇	木	二、五六四	四三三・四〇	
同一一	金	二、四八一	四三二・二〇	
同一二	土	三、二一一	五八〇・五〇	
同一三	日	五、一七六	八九八・九〇	

一〇、一四	月	一、九三三人	三四二・四〇円
同一五	火	二、〇六五	三四九・七〇
同一六	水	二、一三三	三七三・一〇
同一七	木	三、五〇五	六二四・四〇
同一八	金	二、五六三	四五四・五〇
同一九	土	二、〇二二	三五八・四〇
同二〇	日	四、一三五	七三五・六〇
同二一	月	一、五七三	二九〇・八〇
同二二	火	一、三一七	二四六・九〇
同二三	水	一、五一六	二八一・九〇
一〇、二四	木	一、二八一人	二四三・三〇円
同二五	金	一、三五五	二五四・八〇
同二六	土	一、三五〇	二五一・六〇
同二七	日	五、九六九	一、〇三一・二〇
同二八	月	一、三〇二	二四七・〇〇
同二九	火	二、〇三九	三九五・二〇
同三〇	水	二、二二八	四二二・九〇
同三一	木	—	—
計		九四、六三六	一六、八八〇・六一

本館は建設準備等の都合にて博覧會開場に遲るゝ事四日間九月十六日より開演す

奏樂 第一會場內音樂堂に於ける奏樂は總て本會之れが經營に衝れり。而して樂種としては主として洋樂を奏し日曜日每に朝鮮雅樂を交へ絕へず場內に流るゝ美妙なる淸音に觀覽者を娛ましめ其心胸を陶然たらしむると共に近時音樂に對する民衆の欲求に副ひ各方面より非常なる好評を博し併せて斯道普及に貢獻する處尠からさりしは本會の欣幸とする處なり。

就中李王職雅樂部の出演を得たるは本會の最も光榮とする處なり。

李王家雅樂は東洋古代音樂の精粹にして而かも聖人君子の樂と唱せらる今や內地及支那に於ても既に

根絕して存在するものなく唯李王家のみに傳へられ（樂器は古へ六十六種なりしが今は五十種を現存す）學術的に趣好的にも世界の珍重品とせられ玆に參考として特に樂器の種類を附記す。

一、樂器の種類　（○印二十三種ハ音樂堂出演ニ使用セルモノ）

（イ）金部　一〇種　編鐘、特鐘、方響、洋琴、嗜哱囉、喇叭、大金、小金、鉦、鑼

（ロ）石部　二種　編磬、特磬

（ハ）絲部　一〇種　琴、瑟、玄琴、伽倻琴、唐琵琶、鄕琵琶、牙箏、大箏、月琴、奚琴

（ニ）竹部　一二種　大笒、中笒、唐笛、唐觱篥、鄕觱篥、細觱篥、洞簫、簫、篴、短簫、篪、簫、

（ホ）匏部　一種　笙

（ヘ）土部　三種　缶、塤、螺角

（ト）革部　一三種　建鼓、晋鼓、應鼓、朔鼓、中鼓、節鼓、敎坊鼓、座鼓、龍鼓、杖鼓、羯鼓、路鼓、路非鼓

（チ）木部　四種　柏、祝、敔、大平簫

計　五五種

音樂堂出演に使用せる樂器は左の二十三種であつた。

打樂器	管樂器	絃樂器
編鐘、祝	觱篥、塤	玄琴
特鐘、敔	大笒、簫	伽倻琴

編磬、杖鼓	唐笛、笙簧	洋琴
特磬、座鼓	篪、短簫	牙箏
方響、柏		奚琴
計　一〇種	計　八種	計　五種

海軍々樂隊　佐世保鎭守府より、特に好意を寄せられたる佐世保海兵團所屬軍樂隊二十六名は、海軍々樂特務少尉山田榮氏指揮の下に出演せられ、觀覽者をして美妙なる清音に、一層の趣興を添へ得たるは、本會の最も感謝する處なり。

奏樂種別表

樂隊名	種別	奏樂日數	摘要
京城音樂隊	洋樂	四三日	毎日自午前十時至午後四時間奏樂(日曜休演)
李王職雅樂部	朝鮮雅樂	六日	毎日曜日午前、午後二回奏演
海軍々樂隊	洋樂	三日	九月三十日、十月一日、十月六日

煙火　本會は博覽會開期中早朝より、南山公園に於て連日煙火を打揚げ、又式日に當りては會場内にて行ひ殷々たる天空の響きに博覽會氣分の振興を唆り、或は式典を祝し、又は賓客歡迎の爲めにその打揚げたる煙火の數並に種別は左の如し。

煙花打揚表

月日	煙花 區分	煙花 打揚數	摘要
九月十二日	大	六	開場式
	小	六〇	
九月十三日以降平日	小	三〇	
同 日曜日	小	六〇	
九月十六日以降平日	小	二五	
九月十六日以降日曜日	小	六〇	

月日	煙花 區分	煙花 打揚場	摘要
十月一日	大	六	閑院宮殿下奉迎 開會式
	小	六〇	
十月九日以降平日	小	一五	
同 日曜日	小	五〇	
十月三十一日	大	六	閉會式
	小	六〇	
計	大	一八	
	小	一、三六五	

煙花種別

旗物一本四枚付、國旗、五本打出、二本打出
魚類、鳥類、祝聲、雷鳴、祝旗、長旗 幅二尺 長十尺

繪葉書及案內書

博覽會繪葉書及案內圖　本會發行の繪葉書及案內圖に關しては、府內當業者五名の指名入札を行ひ、落札者宗像商會に對し本會發行の繪葉書及案內圖の製作販賣をなさしめたり。

斯くして發行せる繪葉書及案內圖は

甲種記念繪葉書	三枚一組	金十二錢
乙種美術寫眞繪葉書	三色十枚一組	金二十五錢
丙種一色刷寫眞繪葉書	十枚一組	金十五錢
案内圖	一枚	金六錢

にして、本會は契約條件により

甲種記念繪葉書	二萬組
乙種美術寫眞三色繪葉書	九千組
丙種一色刷寫眞繪葉書	一萬組
案内圖	二萬枚

を無償にて提供せしめたる外

甲種記念繪葉書	七萬六千二百組
乙種寫眞繪葉書	二萬四千八百組
丙種寫眞繪葉書	十三萬二千百五十組
案内圖	十萬枚

を買上げ接待、宣傳用、福引デー等に使用したり

會場案内圖　觀覽者に會場内各館の位置を知らしむる爲め會場案内圖を發行して入場者一般へ配布せり

此の發行は朝鮮發明協會富田儀作氏に代行せしめ專ら同會の常務理事德田義郞氏にて擔任せられ藤村德一氏等其の衙に當り期會中每日光化門入口の會場案內所にて總計壹百三拾萬枚を配布せり。

記念寫眞 演藝之栞 は本會演藝館に於ける出演藝妓、妓生、實演情況其他場內各館の寫眞を編纂せしものにて、其の發行者たる森岡俊介氏に對し場內販賣を許したり、而して本會は此の代償として、四百部を無償提供せしめたる外之が買上げをなし、接待用其他福引デー等の贈呈用に充たせり。

博覽會寫眞帳 は安藤靜氏の編纂發行に係り、編輯の體裁、內容等理想的形容を具へ、各方面への土產物として殊に適當なるを認め、本會は七百部を買上げ接待用、其他福引デー景品贈呈用に使用したり。

京城案內書及鳥瞰案內圖 本會は鮮外の觀覽者に對し此の機會に於て努めて、京城の一般を紹介し且つ市內及博覽會場の巡覽視察者の栞として各案內書の必要缺くべからざるを認め特に事務員一名を編纂の擔當に任じ京城案內書、京城案內鳥瞰圖の二種を著作發行し接待用其他特種觀覽者への贈呈品となしたり其發行數左の如し

京城案內	邦文	二萬五千部
	鮮文	五千部
京城案內鳥瞰圖	邦文	五萬五千部
	鮮文	二萬五千部

式典

博覽會に於て擧行せる式典中の主なるものは、開場式、開會式、褒賞授與式及閉會式の四大式典にして本會は各式典に際しては、總裁會長以下理事其他の役員參列祝意を表したり。

開場式 昭和四年九月十二日午前九時より勤政殿に於て…朝鮮博覽會開場式を擧行せられたり、本會よりは總裁會長以下各理事其他の役員出席祝意を表す。

開會式 昭和四年十月一日午前九時より閑院宮殿下御臺臨勤政殿に於て、盛大なる開會式を擧行せらる本會よりは總裁會長以下理事長理事其他役員參列し、總裁朴侯爵は全道に於ける各協賛會を代表し左の祝辭を朗讀す(原文は朝鮮文)

祝辭

茲に閑院宮殿下の台臨を辱し朝鮮博覽會開會の盛儀に列し各協賛會を代表し滿腔の祝意を披瀝し得るは不肖の最も欣幸とする所なり。

抑々今次の博覽會は其の規模宏大にして內容豊富なるのみならず其の趣旨亦頗る深長なり而して遠來有爲の觀覽者既に京城府內に滿つ惟ふに本博覽會の開設は朝鮮百年の開發進步に偉大の効果を齎すべきは勿論延ては內外貿易上に寄與する處其の數少なからざるべきを信す何の幸か半島慶雲の光輝茲に

其の徵を得て昭かに其の業を奬勵す孰か感喜振興して　陛下叡聖至德の治に報ひ以て丕績を賛せざらむ玆に謹みて殿下の台臨を光榮とし併せて當局各位の異常なる努力と江湖諸彥の偉大なる援助とを感謝し其の成功を祈る。

昭和四年十月一日

朝鮮博覽會各協賛會總代

京城協賛會總裁　侯爵　朴　泳　孝

褒賞授與式　昭和四年十月十一日午前十一時より、勤政殿に於て褒賞授與式を擧行せらる、本會よりは總裁、會長以下理事其の他役員出席韓副會長は全道協賛會を代表し左の祝辭を朗讀す（原文は朝鮮文）

祝　辭

朝鮮博覽會出品の審査終了を告げ本日を以て褒賞授與の盛典を擧行せらるゝに會す就て審査の薦告に徵するに受賞者の多數なる各般出品の精良なる半島庶績の發達誠に其の顯然たるを見る蓋し如斯は獨り朝鮮統治の爲慶賀すべきのみならず國家富力の發展に伴ふ一大現象として衷心躍悅の至りに禁へず我等任に本會協賛の事に與り以て今日の成績に接す欣快言ふべからず玆に一同を代表し敢て全幅の祝意を表す。

昭和四年十月十一日

朝鮮博覽會各協贊會代表
京城協贊會副會長　韓　相　龍

閉會式　昭和四年十月三十一日午後二時より、勤政殿に於て閉會式を擧行せらる、本會よりは會長以下理事長理事其他の役員出席松井會長は全道協贊會を代表し左の祝辭を朗讀す。

祝　詞

朝鮮博覽會會期終了を告げ茲に本日を以て閉會の式典を擧行せらる、惟ふに今次の博覽會は朝鮮に於ける空前の盛事にして規模の宏大なる出品物の夥多なる未だ曾て其の例を見ざる所殊に本博覽會の開會に際し閑院宮殿下親しく台臨あらせられ特に恩諭の辱なきを賜ふ本博覽會の光榮朝鮮二千萬民衆の感激焉そ禁へむ將に感喜振興して陛下至徳の治に報ひ以て丕績を贊襄せむことを開會茲に五十日觀覽以て其の智を進め討究以て其の識を展へ幸に豫期の成績を收め終始盛況を極めて圓滿に終局し得たるは深く吾人の欣榮とする所なり、蓋し本博覽會の開設に依り其の能く朝鮮文化の實情を中外に紹介し併せて半島人文の開進に産業の發展に一大動機を與へたる效果の甚だ偉大なるものありしを信す按すに新興朝鮮の前途は斯くして本博覽會を一轉機とし益々其の多望多端を加ふへく當さに日進の大勢に伴ひ之か進歩發達を期せんとする宜しく官民一致一層の切瑳琢磨の功に俟たざるべからず希くば一般各位と共に今次の成績を將來に勵み本會開設の宏圖を完成せむことを茲に本日の閉式に方り各協贊會を代表し敢て全福の祝意を表す。

昭和四年十月三十一日

朝鮮博覧會各協賛會代表
京城協賛會長　松井房治郎

各種デー

福引其他各種デー

會期中殊に意を用ひたるは、博覧會氣分の振作にして、本會は其の趣意に基き掉尾の活動として博覧會事務局とも種々交渉の結果、福引其他各種デーの開催に全力を集注したる爲め之か開催當日は非常の人氣を沸騰せしめ、入場者殺到するの盛況を呈したり、開催日及其種類を擧くれば左の如し。

月日	回次	種別	摘要
十月十日	(第一)	賓探し	一等金側腕時計二等銀側腕時計三等銘山反物以下十等迄七三三點
同十三日	(第二)	變裝者探し	一等金側腕時計二等三等クローム側腕時計以下十四等迄
同十六日	(第三)	福引デー	一等勸業債券一〇〇圓二等同五〇圓三等同三〇圓以下十等迄五〇〇〇點
同二十日	(第四)	入場者豫想投票	一等勸業債券百圓二等同五十圓三等同二十圓以下十等迄一〇〇點
同二十三日	(第五)	小供汽車福引デー	一等ベビーオルガン二等子供自轉車三等卓上ピアノ以下等外迄一八、〇〇〇點
同二十四日	(第六)	演藝館デー	一等白米一俵二等反物三等演藝の栞以下等外迄一六〇四點

日	回	催し	景品
十月二十五日	（第七）	福引デー	一等白米十俵二等同五俵三等同一俵以下等外迄五、四五八點
同　二十七日	（第八）	成功祝賀大福引デー	一等自動車二等モーニングコート三等朝鮮婦人服以下等外迄入場者全部空籤なし
同　同日	（第九）	變裝者探し	一等金側腕時計、二、三等クローム腕時計以下十等迄
同　二十九日	（第十）	演藝館デー	一等金側腕時計、二、三等クローム腕時計以下五等迄三、一〇三點
同　三十日	（第十一）	朝博感謝デー大福引	一等白米十石、二等同五石三等同二石以下十等迄二五、九二三點
同　同日	（第十一の二）	假裝デー	假裝者全部へ謝禮
同　三十一日	（第十二）	福引デー	一等白米五十俵、二等勸業債券百圓三等タンス、自轉車以下入場者全部空籤なし

右の外各特設館の主催に係る各種催しデーに對しては、本會は大に宣傳に努力すると共に極力斡旋援助の勞を執りたり、其の主なるもの左の如し。

京都特設館、大阪特設館、產業館石炭デー、山の館デー、全羅南道特設館、咸鏡北道特設館、平安北道特設館、平安南道特設館、臺灣特設館、メートル館、水產館、畜產館、九州館、慶尙南道特設館、全羅北道特設館、慶尙北道特設館

因に以上各種の催しに際しては本會は、市內は勿論、遠きは仁川、開城地方に亙りて自動車に乘り宣傳ビラの撒布、廣告屋臺車數臺を晝夜に分ち市內曳廻し等の方法により或は宣傳ビラ又は立看板等始終廣告宣傳の徹底に努めたり。

宣傳振興の設備

本會は叙上の如く、博覽會開會前より緩みなく、各種の方法を以て宣傳振作に努め目的の達成に全力を傾注したり。玆に開期中に於ける宣傳振作の施設としては、市内の各要所には歡迎門、裝飾塔、街路裝飾柱等を建設し、夫々裝飾を施して夜は電飾を交へ、南大門の電飾南山高所の恩賜記念科學館より放射する强大なる「サーチライト」と相映射し不夜城を現出すると共に一層の壯觀を添へたり。晝夜を通じて目覺しき快美陽麗の光景は、常に博覽會氣分を釀成振作すると共に博覽會に盛況を添へたること多大なり今設備の概要を擧くれば左の如し。

京城驛の裝飾

一、プラットホーム　京釜線及京義本線の到着する第三プラットホームの柱は全部に亙つて上部に裝飾をつけ、ブリッヂの小屋組は全部紫色に包みたる桐紋を配し更に改札口の柱の上部長押廻りを三段に模樣を入れ裝飾し、出口は歡迎の文字を入れたる裝飾板を柱の間に吊上げ柱も亦裝飾を施したり。

二、待合室　二等待合室の中央柱に約二間圓形の裝飾をなし、三等待合室の中央柱四本の上部にも同樣裝飾をなせり。

三、中央大廣間　中央大廣間とドームより下へ約二間圓形の製飾せるボールを吊下げ、天窓より射入する光線によつて五色の彩色を一層映へしめたり。

京城驛前の歡迎門　京城の表玄關口にして最も大衆の目に觸るゝ場所なるを以て、大規模のものとせり幅十四間、高五十尺となしスタイルを近世式に採り、最も斬新にして明るき氣分を出さんが爲に、總て薄色となし落着きたる雄大な感じを持たせるため、横の線を多く用ひ、正面中央に朝鮮博覽會、左右に京城協賛會の文字を入れ中央は自動車道とし、その左右に人道及車道を設けサーチーライト式の電氣照明を施す。

南大門通の街路裝飾柱　此處は京城驛より博覽會々場に通ずる、唯一の幹道なるを以て、可成賑盛なる施設をなしたり。

歡迎門との調和を考慮し、近世式洋風の裝飾柱を五間毎に建て、淡彩を選び型の變化を採り、柱頭及側面に電燈五個を取付け夜間の美觀を添ゆるに便せり。

南大門の電飾　京城の誇りとも云ふべき、朝鮮古來の建築物たる本門を活す爲に、夜間の電飾を主とし中央に桐の紋を入れその左右に月桂樹の葉を配し、門腰の石壁に絡みし蔦との調和を取り、總電飾を施し「朝博」の文字は内面照明に依つて浮出裝置となしたり、此の所要電燈數約二千三百燈とす。

太平通の街路裝飾柱　南大門の朝鮮式建築物に調和するやう古代朝鮮に用ひたる、裝身具の形を模倣したるアーチ型の中央に彩色模樣を入れたる柱を八間毎に建て其の間々には小裝飾柱を建てたり。

光化門通の裝飾塔　十字路の兩側に一對の高塔を建て、更に兩脇に控柱を迫持形に添へて形を整へ、此の高さ五十五尺とし色彩は總督府廳舍との調和を取り極めて淡彩となし、頂點中央飾に電燈七個及中段四隅に電飾を施したり。

光化門通より總督府前の街路裝飾柱 近世代の様式となし極めて薄き彩色を施し、總督府廳舍との調和を取り、各柱頭は日章旗五本にて飾り更に電飾を附したり。

總督府前より會場正門に至る街路裝飾柱は正門の色彩濃厚なる朝鮮式の建造物に調和せしむる爲め、彩色も稍濃厚となし型は洋式としたるも、朝鮮味を現はす爲に黃、赤、紫、或は羣青等の色彩を配し、細部に亙つても賑かなる氣分を出す事に努め總ての上部に電飾を附したり。

其他の裝飾塔及裝飾 以上の外市內の要處と認めたる。

龍山驛前、朝鮮銀行前、鍾路十字街、東大門、黃金町六丁目、西大門、淸凉里驛前の各所に稍々大なる裝飾塔及び裝飾門を建て、相當の色彩を施し總て夜間は電飾を附したり。

龍山驛及淸凉里驛內に於けるプラットホーム、待合室等に對しても相當裝飾を施したり。

サーチライト 開期中恩賜記念科學館の好意により、南山の高所より每夜十萬燭光の强大なるサーチライトを放射し、本會の施設に一段の光彩を添へられたるは本會の最も感謝する處なり。

閉會後の殘務

人事及建物什器の處分等

人事　昭和四年十月三十一日博覽會の閉會と共に各種の事務も亦閉止するに至り茲に本會は當日を限り各事務員、現業員等の一般解雇を行ひ、內事務員八名、運轉手一名、小使一名、給仕一名を殘留せしめ、十二月四日事務所を京城府廳內に移轉し一般の事務整理に從事せしめたるも、十二月二十八日本會の解散と同時に全部之を解雇したり、而して同日評議員會に於て、釘本藤次郎、肥塚正太、李升雨の三氏殘務委員として選定されたるを以て十二月三十一日附を以て更らに事務員三名、小使一名を任命し殘務の整理に當らしめたり。

建物什器の處分　本會の施設に係る諸建築物は、當初に於て總て、損料賃貸の契約に依り建設せしめたるものにして、博覽會閉會と同時に請負主に於て夫々處分撤去せしめたり。

什器　殘留什器の中、公共團體等に對し寄附したるもの左の如し。

京　城　神　社　へ　　曲木籐椅子七十一脚
京　城　府　隣　保　館　へ　　謄寫版外七件四二點
京城府北方方面委員へ　　板張卓子外二件六點

京城府へ　　自働車外十九件八十三點印刷物十二件一萬一千百八十點又電話架設材料の一部分を京畿道警備電話用として有償讓渡し、其他殘品全部は時々數名の希望者を徵し相當價格を以て賣却處分をなせり。

以上の外、演藝館上演妓生演舞用衣裳其他用具、平和記念東京博覽會朝鮮協贊會殘餘財產管理人より寄贈に係る藍色長袖衣外十二件八十五點並に新調したる軟豆夢道里外十六件百三十九點計三十件二百二十四點は朝鮮、漢城、漢南、京城劵番の出演四劵番に對し慰勞並に記念の爲め之を無償讓與をなしたり。

感謝狀　本會の事業に對し、終始盡力せられたる役員、並に囑託員及贊助を與へられたる各會員、其他本會の事業に各種の援助を與へられたる各團體及個人に對し、夫々左記の感謝狀又は挨拶狀を送り特に援助努力せられたる向に對しては金員又は記念品を添へ謝意を述べたり。

（一般援助者）

拜啓益々御淸穆の段奉慶賀候

陳者朝鮮博覽會開催に際し本會事業幸に有終の美を收め得たるは一に貴下の御熱誠なる御援助の賜に外ならす候玆に謹んで深く感謝の意を表し申候

敬具

昭和四年十一月　　日

朝鮮博覽會京城協贊會長

松井房治郎

殿

（寄　附　者）

拜啓益々御淸穆の段慶賀此事に奉存候　陳者朝鮮博覽會開催に際しては多大なる御厚配を辱ふし御蔭を以て會期五十日間未曾有の盛況裡に有終の成果を收むるを得たるは洵に御同慶に堪へさる處に有之候之一以て御尊臺の御後援の賜と深く感銘罷在候

會務の業績に關しては不日御報告可申上先は不取敢御挨拶旁々御禮迄如斯に御座候　敬具

昭和四年十一月　日

朝鮮博覽會京城協贊會長

松井房治郎

殿

（寄附金募集者）

拜啓向寒の砌益々御安祥に被爲涉候段奉慶賀候

陳者朝鮮博覽會開催に際しては本會協贊上多大なる御厚配を辱ふし殊に最難事たる寄附金募集に關しては格別なる御毗補に預り御蔭を以て會期五十日間空前の盛況裡に協贊の實を完ふするを得たるは一

に貴臺の御斡旋御援助の賜と深く感佩罷在候
右不取敢御挨拶旁々御禮迄如斯に御座候

昭和四年十一月　　日

朝鮮博覽會京城協賛會長

松　井　房　治　郎

敬　具

殿

（各　役　員）

拜啓益々御淸穆の段奉慶賀候
陳者朝鮮博覽會開催に際し本會事業幸に有終の美を収め得たるは一に貴下の御熱誠なる御援助の賜に外ならず候玆に謹んで深く感謝の意を表し申候
追而爲記念粗品贈呈候間御掌納願度申添候也

昭和四年十二月十五日

朝鮮博覽會京城協賛會長

松　井　房　治　郎

敬　具

殿

（特別援助者）

感謝狀

殿

朝鮮博覽會開催に際し本會協賛上援助せられたる功績不尠仍而玆に感謝の意を表す

昭和四年十一月　　日

朝鮮博覽會京城協賛會

（出演者）

感謝狀

殿

朝鮮博覽會の開催に際し演藝館に出演せられ一段の光彩を御添へ下さいました御努力に對し厚く感謝の意を表します

昭和四年十一月三日

朝鮮博覽會京城協賛會

記念品作製及發送　本會に於ては博覽會の閉會と同時に、特に本會の爲盡瘁せられたる關係者、及協賛醵出を受けたる會員に對しては左記の種別に依り夫々記念品を贈呈し、感謝の意を表したり。

記念品の種類

金盃一組　總裁、會長、副會長、顧問、理事長（別に寫眞帖一部）
金盃一個　各理事（別に寫眞帖一部）
純銀製花瓶　（九〇匁付）内地人側參與、常議員、相談役（別に寫眞帖一部）
同　上　（四五匁付）同上評議員、町洞委員（別に寫眞帖一部）
純銀製湯沸　（百匁付）朝鮮人側參與、常議員、相談役（別に寫眞帖一部）
同　上　（八〇匁付）同上評議員、町洞委員（別に寫眞帖一部）
純銀製神仙爐　齋藤總督、兒玉政務總監

會員に對しては

螺鈿重箱壹組　參萬圓以上寄附者（別に寫眞帖一部）
純銀製大花瓶　壹萬圓以上寄附者（同　）
純銀製神仙爐　五千圓以上寄附者（同　）
純銀製湯沸　一千圓以上寄附者（同　）
青銅花瓶（高六寸八分）五百圓以上寄附者（同　）
同　（高六寸）　百圓以上寄附者　（同　）
錫製茶托又は莨入函　五十圓以上寄附者（同　）

寫　眞　帖　　　五圓以上五十圓以下（金額に應じ枚數增減）

を贈呈せり。

其の他特に援助を受けたる向に對しては、銀製花瓶、銀製湯沸、螺鈿煙草入等を贈呈せり。

京城協賛會收支決算報告會（評議員會）

昭和四年十二月二十八日京城協賛會評議員會を開催す

一　事務報告の件

一　收支決算承認の件

一　剩餘金處分の件

一　殘品處分の件

一　殘務委員選定の件

以　上

次に粗餐後朝博の活動寫眞を御覽願ます

昭和四年十二月二十八日

京城協賛會評議員會議事抄錄（於朝鮮ホテル午後五時四十五分開會）

松井會長　多數の各位御來會下されましたことは年末に際して恐縮に存じます厚く御禮を申上ます。

御承知の通り朝鮮博覽會も十月三十一日を以て終了し協賛會の事務も全く一段落を告げて今日報告を申上度いと思ひ御集會を願ふた次第であります。

御蔭を以て他の博覽會より成功したと云はるゝは皆樣の御援助に因るものと考へ此の好成績を得たことを感謝する次第であります。

今日より考へますと色々やり損ねがありました樣ですが此點は豫算上に關し止を得ぬ次第で御許を願ます。

評議員會が昨年十二月二十二日の豫算會で決定された豫算に基き其の後着々實行に進み事務を開始しましたが私は前會長の後を承け最初は京城府廳で事務を採りまして後博覽會事務局の隣へ移りました事務の方も人員を增して百十五人以上にもなりました。

此間事務を執つて行く途中皆樣に御協議する筈でありましたが收入の重なるものが元來寄附金でありまして之に依て實行し進むことゝて中々行ふことに付苦心しましたので實際御協議する時間がなかつたことを御諒知願ひ度い此點は惡からず御許を願度い。

協賛會は合議制度を採りまして何事も理事會を開き協定して決行致しました。

一、寄附金は參拾四萬四千九百參拾貳圓參拾錢を集めました。

二、宣傳方法（省）

三、接待(省)

四、餘興(省)

五、奏樂(省)

六、印刷物(省)

七、各種デー(省)

大體右樣の次第であります。

建物は賃貸借でありましたから閉會後還付したのでございます。

最後に豫算が多少增減して居ますが出來得る丈け放漫の支出を戒め必要止を得ぬものを支出したのであります。理事長及副會長其他各理事は事務に當りて非常に勉勵されたことを皆さんと共に感謝する次第であります實際協賛會の仕事は中々六ケ敷ことでありましたと私は思ふのであります只精一杯やつたと云ふことを皆樣に御認めを願度いと思ふのであります。

収支決算承認の件

會長、御手許に差上げました報告書に付き御審議を願ます。

一同、質議なし。

會長、決算報告は御承認下されましたこと丶認めます。

（一同拍手）

會長、御承認下されましたことを感謝します

殘品整理の件

釘本理事長　（目錄を讀み上げ）自動車二臺は府に寄附して頂き度い吉村課長の意見は消防組にやり度いと云ふことでありました其の他の殘品も京城府に寄附し度いと思ひます。

一同、異議なし

剩餘金處分の件

釘本、理事會でも色々と思考しまして顧問四名と京城府尹と此の五人に御任せ致し度いと思ひます。

張弘植、剩餘金の處分は有意義に處分したい、此の剩餘金は元來國家的にしたい、府に任せても其の利息を社會的に利用したい（贊成の聲あり）

齋藤五吉、幸にして金が餘つた、其の原因も色々あることゝ思ひますが會長以下の努力に因るものと思ふ此金は萬人眼を注で居ること故理事會の決議の樣にしたい。

張憲植、協贊會の大なる努力に因るものと思ふ理事長、理事に對する感謝は厚くされしや。

權藤四郎介、社會事業の基金として京城府に一任することに滿場一致の御贊成を願ふ。

會長、權藤君の御意見の通りにして府に寄附することに御異議なきや。

殘務委員選定の件

一同、異議なし。

會長、殘務委員の選定は如何に取計ふや。

一同、會長に指名を願ふ。

會長、釘本藤次郎、肥塚正太、李升雨の三氏を指名します。

會長、協賛會も大團圓を告げたことを一同に感謝致します。

會長、萬歳三唱（一同唱和）

（午後六時三十五分終了）

附記

會議後七時より晩餐會に移り卓上松井會長は博覽會々期中評議員各位の厚き御後援に由り京城協賛會が其任務を全ふしたことを謝し併て各位の御健康を祝すと述べ乾杯す。

田中半四郎氏は來會者を代表し謝辭を述で曰く、京城協賛會は理事者各位の熱烈なる御奮闘に由り大成功裡に終了しましたことは言辭を以て御禮を申すことが出來得ない御努力の結果であります然るに今回の決算書面に依ると其の報謝する慰勞方は甚だ薄いと思ひます、若し理事者各位で此邊を一度常議員に御諮り下されましたなら更に一考する處があつた事と思ひます此の薄き謝禮は御努力に對しては當を得なかつたと信じ玆に一同を代表し申述べて置きます終りに協賛會の御成功を祝します、と述べ乾杯せらる。

八時十分より博覧會の活動寫眞を映寫す。

昭和四年十二月二十八日開催の評議員會に於て、承認されたる收支決算左の如し。

朝鮮博覧會京城協賛會收支決算書

收入之部

款	項	決算額	摘要
一、補助金		九四、九六一円七〇	
	國庫補助	五四、九六一七〇	
	京城府補助	三〇、〇〇〇〇〇	
	商業會議所補助	一〇、〇〇〇〇〇	
二、使用料		八三、八〇一八四	
	土地、建物使用料	一七、五六四〇〇	
	廣告料	六八〇〇〇	
	電燈電話瓦斯水道料	六五、五五七八四	電氣料 五二、〇七六円、一四 水道料 六、五〇六、七〇 電話料 六、九七五、〇〇

款	項	決算額	摘要
三、不用品賣却代		一、二〇六円五五	
	不用品賣却代	一、二〇六五五	
四、雜收入		四八、二四八二九	
	子供ノ國入場料	一一、〇〇六三六	飛行塔 四、六八七円、八六 サークリング 二、七八五、七〇 メリーゴーランド 五七五、六〇 海底旅行館 二、四六五、四〇 自動寫眞館 四八五、一〇 猛獸狩 四、七〇
	萬國街入場料	一六、八八〇六一	
	演藝館入場料	一七、八八九〇七	
	繪葉書案内書賣上代其他	一、一七〇〇〇	
	雜收	一、三〇二二五	當座預金利子其他
五、入場料		二二九、九六一七〇	
	入場券賣上代	二二九、九六一七〇	
六、寄附金及會費		三四四、九三二三〇	
	寄附金及會費	三四四、九三二三〇	
計		八〇三、一一二三八	

支出之部

款	項	決算額	摘要
一、事務費		一〇一、五八三円九三	

款	項	金額（円）	銭	内訳	金額
	事務員給	一一、一九〇	六七	○有給囑託及事務員十七人	八、九六八円、七七
				○有給女事務員二十八人	二、二二一、九〇
	傭人給	一、七四七	四〇	○小使給	二七三円、二〇
				○給仕給	一三一、四〇
				○巡視給	二六一、〇〇
				○運轉手	八三七、〇〇
				○臨時傭人	二四四、八〇
	需用費	一〇、〇六四	〇三	○自動車二臺	四、〇三〇円、〇〇
				○備品消耗品	五、〇九一、〇四
				○通信運搬費	六一八、二二
				○電燈費	三六、四七
				○女事務員傭人被服費	二八八、三〇
	雜給	六、二五八	九五	○有給囑託事務員及傭人賞與	五、六一三円、〇〇
				○時間外勤務手當及宿直賄料	六四五、九五
	雜費	七二、三二二	八八	役員囑託其他慰勞金	二四、八三〇円、〇〇
				會員及役員記念品	二八、六二六、二七
				報告費	九、〇〇〇、〇〇
				雜費	九、八六六、六一
二、會員及寄附金募集費		九、〇八七	四三		
	會員及寄附金募集費	九、〇八七	四三	囑託事務員給料	一、一一一円、五六
				會集費	二、二八三、一一
				寄附金募集費	三、四一〇、〇〇
				雜費	二、二八二、七六
三、工事費		一六七、五五四	八四		
	演藝館	三〇、五五三	三五	建坪延六三四坪	二二、六五八円、五〇
				設備	七、八九四、八五
	野外劇	三、一一六	六〇	建坪五一坪	二、六〇〇、〇〇
				設備	五一六、六〇

萬國街	三、八四九	九六	小屋掛及設備
子供ノ國	二三、二三三	五二	海底旅行館建物 二、九三八円、九〇〇 飛行塔及サークリング 五、九四九、〇〇〇 メリーゴランド 一、〇五〇、〇〇〇 諸設備 一三、二九五、六二〇
廣告場	二、四五八	五〇	宣傳塔一ヶ所
賣店	五、〇七五	五二	建坪 二一〇坪
食堂	一、四九〇	〇〇	建坪 二八坪五合
飲食店	四、五八四	六八	建坪 二二〇坪
手荷物預所	三七六	〇〇	建坪 八坪
電燈電力	二三、一七一	〇七	
水道	二、〇八二	〇〇	
電話	九、四四五	一〇	
歡迎門	一四、一三二	一九	京城、龍山、淸凉里驛前、東大門 西大門、光化門ノ六ヶ所
雜構物	二、五一六	七三	
裝飾費	三六、二四九	二七	南大門及沿道裝飾 二九、七九九円、二七 街路裝飾費補助 六、四五〇、〇〇〇
設計監督費	五、二二〇	三五	
喫茶店	―		
休憩所	―		
便所	―		
瓦斯	―		

款	金額		項	金額		細目	金額
四、電燈電話瓦斯水道費	二〇、二三五	〇五	電燈、電話瓦斯水道費	二〇、二三五	〇五	電氣料金	一八、一五二、八九
						水道料金	二、〇八二、一六
五、接待費	二六、八三三	六三	接待費	二六、八三三	六三	招待會費	一五、四二一、七三
						辨當茶菓接待費	四、九七一、五〇
						人件費	二、八九一、八七
						雜費	三、五四八、五三
六、各種大會費	一七、八四三	六〇	體育大會費	一〇、〇〇〇	〇〇	朝博記念體育大會補助	
			各種大會費	七、八四三	六〇	大會費	五、六九一、四〇
						土産品其他	二、一五二、二〇
七、餘興費	一一四、五九〇	九五	子供ノ國	一〇、二四七	三八	海底旅行館內部設備	三、八〇〇、〇〇
						自動寫眞	四、二九三、二〇
						呼込樂隊費其他	二、一五四、一八
			各種デー	一九、四一九	五三	景品代	一五、七五一、四二
						雜費	三、六六八、一一
			各種演藝費	六八、三九八	一五	〇演藝館	四九、八九二、〇三
						〇萬國街	一三、四二三、三二
						〇野外劇	五、〇八二、八〇
			其他	一六、五二五	八九	花火	二、一〇一、五〇
						朝博記念大賣出補助	五、〇〇〇、〇〇
						事務員、傭人給	三、四二五、三〇
						音樂堂樂隊費	二、六四〇、〇〇
						雜費	三、三五九、〇九
八、宣傳費	五一、九一〇	二二					

款	項	款金額	項金額
	各種宣傳費		五一、九一〇 二二
九、印刷費		二二、七二四 六六	
	各種印刷費		二二、七二四 六六
十、徽章費		二、一四三 三六	
	各種徽章費		二、一四三 三六
十一、入場料納付金		二二九、九六一 七〇	
	入場料納付金		二二九、九六一 七〇
	計	七六四、四六九 三七	

宣傳費 五一、九一〇、二二円

○鳥瞰圖 二、一四〇、〇〇円

○繪葉書 一二、四六六、〇五

○京城案内 五、〇四一、五一

○優待券其他 三、〇七七、一〇

總收入　金八拾萬三千百拾貳圓三十八錢

總支入　金七拾六萬四千四百六拾九圓三十七錢

差　引　金三萬八千六百四拾三圓〇一錢　剩餘金

石剩餘金は京城府社會事業基金へ寄附す昭和四年十二月三十日府廳舍にて引渡濟

朝鮮博覽會京城協賛會收支決算說明書

昭和三年十二月十五日評議員會ニ於テ議定セラレタル收支豫算ニ基キ理事者ハ計畫ヲ建テ總務部、會計部、勸誘部、設備部、接待部、餘興部ノ各部ヲ設ケ實行ニ進ミタリ然ルニ其ノ實行ニ當リテハ元ヨリ節約ヲ旨トシテ極力放漫ニ流ルル支出ヲ戒メ以テ最善ノ効果ヲ發揮スヘク努力セシト雖モ一面四圍ノ情勢實際ノ狀況ハ時々刻々ニ變化ヲ來シ之レニ對シテ善處センニハ勢ヒ豫算ノ各款項ニ於テ增減スルノ止ヲ得サルニ至レリ之レ全本會ノ目的ヲ達成セシメントスルノ結果ニ外ナラス

今前述ノ結果豫算額ヲ增減セシ款項左ノ如シ

收入之部

第一款　補助金中第一項國庫補助金

四千九百六拾壹圓七拾錢ヲ增加シタルハ入場者豫定數ヲ超過シタルニ由ル

第二款　使　用　料

五萬七千九百拾八圓拾六錢ヲ減シタルハ電燈、電話、瓦斯、水道料ニ於テ其需用豫定ヲ超過シタル結果貳萬五千五百五拾七圓八拾四錢ノ增加ヲ見タルモ土地建物使用料ニ於テ特設館其ノ他ノ土地使用者ヨリ使用料ヲ徵收シ得サル事情生シタル爲メ四萬參千四百參拾六圓ヲ減シタルト廣告料ニ於テ豫定ノ收入ヲ見ル能ハサルニ因リ廣告板ノ設置ヲ廢止シタル結果參萬九千參百貳拾圓ヲ減シタルトニ由ル

第三款　不用品賣却代壹萬八千七百九拾參圓四拾五錢ヲ減シタルハ諸建設物ヲ請負人ヲシテ建設セシメ

會期中賃貸借契約ニ依リ使用シタル結果ニ由ル

第四款　雜　收　入

參萬八千貳百四拾八圓貳拾九錢ヲ增加シタルハ子供の國ノ收入增加萬國街、演藝館及ヒ預金利子其他ノ收入ニ由ル

第五款　入　場　料

入場劵賣上ケ代四千九百六拾壹圓七拾錢ヲ增加シタルハ入場人員豫定數ヲ超過シタルニ由ル

第六款　寄附金及會費

九萬四千九百參拾貳圓參拾錢ヲ增加シタルハ會員及醵出金ノ增加シタルニ由ル

支　出　之　部

第一款　事　務　費

五萬五百八拾參圓九拾參錢ヲ增加シタルハ傭人給及ヒ雜給雜費增加ニ由ル

但雜費ノ增加ハ慰勞金、記念品代、報告費等ヲ加ヘシニ由ル

第二款　會員及寄附金募集費

壹萬九百拾貳圓五拾七錢ヲ減少セシハ豫定ノ費用ヲ要セサルニ由ル

第三款　工　事　費

五萬壹千五百四拾五圓拾六錢ヲ減少セシハ演藝館、野外劇場、電燈、電力、電話、歡迎門、裝飾費ニ於テ增加シ萬國街、子供の國ノ新設費ヲ加ヘタルモ廣告場、賣店、食堂、飲食店、手荷物預所、水道雜構物、設計監督費ニ於テ減少シ喫茶店、休憇所、便所、瓦斯ハ本會ニ於テ施設ヲ要セサリシニ由ル

第四款　電燈、電話、瓦斯、水道費

壹萬貳百參拾五圓五錢ノ增加ヲ來セシハ需要者ノ增加セシニ由ル

第五款　接　待　費

參千百六拾六圓參拾七錢ヲ減シタルハ豫定ノ支出ヲ要セサルニ由ル

第六款　各　種　大　會

壹萬貳千百五拾六圓四拾錢ヲ減少セシハ豫定ノ支出ヲ要セサルニ由ル

第七款　餘　興　費

五萬四千五百九拾圓九拾五錢ヲ增加セシハ子供の國、各種演藝費、其他ニ於テ增加シ各種デーニ於テ減少セシニ由ル但し各種演藝費ノ增加ハ演藝館、野外劇費ノ增加ト萬國街ノ新設、其他朝鮮博覽會記念大賣出ノ補助其他諸費ノ增加セシニ由ル

第八款　宣　傳　費

參萬壹千九百拾圓貳拾貳錢ヲ增加セシハ宣傳ヲ一層徹底的ニ行フ必要アリタルニ由ル

第九款　印　刷　費
　壹萬八千貳百七拾五圓參拾四錢ヲ減少セシハ豫定ノ支出ヲ要セサルニ由ル
第十款　徽　章　費
　貳千八百五拾六圓六拾四錢ヲ減少シタルハ豫定ノ支出ヲ要セサルニ由ル
第十一款　入場料納入
　四千九百六拾壹圓七拾錢ヲ增加セシハ入場者數豫定ヲ超過セシニ由ル

剩餘金處分及補助金指令寫

剩餘金の引繼

評議員會の決議に依る收支決算剩餘金參萬八千六百四拾參圓〇壹錢は京城府社會事業基金として昭和四年十二月三十日京城府尹關水武氏に對し府廳舍府尹室に於て京城協賛會長松井房治郎氏理事長釘本藤次郎氏、理事肥塚正太氏同李升雨氏の四名の立會の上寄附引繼を了したり。

◎剩餘金引繼の挨拶狀

拜啓
愈々御清榮の段奉恭賀候　陳者今回貴會剩餘金參萬八千六百四拾參圓壹錢特別の御詮議を以て當府社會事業基金とし御寄附相成洵に感謝此事に存上候右費途に就ては御趣旨を體し愼重考慮を加へ克用益世の

實を擧げ度所存に御座候へば何卒關係各位へも可然御傳下され度先は不取敢御高配御禮迄如此御座候

敬具

昭和五年一月八日

京城府尹　關　水　武

京城協賛會長松井房治郎殿

補助金ニ關スル指令書

商第一一一號

朝鮮博覽會京城協賛會長　松　井　房　治　郎

昭和四年五月七日附京協第六四〇號申請朝鮮博覽會京城協賛會ニ對スル經費補助ノ件左記條件ニ依リ五萬圓ヲ交付ス

昭和四年八月十九日

朝鮮總督　子爵　齋　藤　實

條　件

第一　本補助金ハ朝鮮博覽會京城協賛會ノ經費ニ充當スヘシ

第二　補助金申請書ニ添附ノ經費豫算ヲ變更セントスルトキハ朝鮮總督ノ承認ヲ受クヘシ

第三　左ノ各號ノ一ニ該當スルトキハ補助金ノ全部又ハ一部ノ返還ヲ命スルコトアルヘシ

一　協贊會ノ實際ノ支出經費カ本補助金ヨリ少キトキ

二　協贊會ノ事業遂行ノ見込不確實ト認ムルトキ

第四　事業終了後ハ遲滯ナク收支決算報告書ヲ朝鮮總督ニ提示スヘシ

◎前剩餘金の始末（參考）

商第一一三號

昭和四年八月十九日

朝鮮總督府　殖　産　局　長　印

朝鮮博覽會京城協贊會長殿

朝鮮博覽會京城協贊會ニ對スル經費補助ニ關スル件

五月七日附京協第六四〇號ヲ以テ申請ニ係ル首題ノ件今回別紙指令書ノ通補助相成候處右補助ハ大正十四年熊本市ニ於テ開催ノ三大事業記念國產共進會及同年大阪市ニ於テ開催ノ大阪記念博覽會ニ對シ本府ニ於テ參同ノ際之ヲ贊シ大正十一年東京市ニ於テ開催ノ平和記念東京博覽會朝鮮協贊會殘餘財產管理人ヨリ提供支出シタル二萬圓及大正十二年京城ニ於テ開催ノ朝鮮副業共進會京城協贊會殘餘財產管理人ヨリ提供支出シタル五千參百壹圓參拾五錢竝ニ之ニ對スル相當利息ヲモ考慮ニ加ヘ決定セラレタル義ニ有

之候依テ右ノ趣旨其ノ財產管理人ニ篤ト御示達相成度此段及通知候也

右達示ニ基キ同管理人タル京城商業會議所書記長大村友之亟氏ヘ其旨傳達セリ

京城協贊會長 朝鮮博覽會 松井房治郎

博經第一一〇八號

昭和四年十一月二十六日附申請朝鮮博覽會京城協贊會ニ對スル經費補助ノ件左記條件ニ依リ四千九百六拾壹圓七拾錢ヲ交付ス

昭和四年十二月十一日

朝鮮總督 子爵 齋藤實

條件

第一 本補助金ハ朝鮮博覽會京城協贊會ノ經費ニ充當スヘシ

第二 事業終了後ハ遲滯ナク收支決算報告書ヲ提出スヘシ

京城協贊會長 朝鮮博覽會 松井房治郎

內第五九四號

昭和四年五月七日附申請ノ京城協贊會經費ニ對シ左記條件ヲ附シ金參萬圓ヲ五月、七月、九月各壹萬圓宛ヲ補助ス

昭和四年五月十六日

京城府尹　松井房治郎

記

一、事業終了後遲滯ナク補助ノ使途ヲ明カニシタル收支決算書ヲ提出スヘシ

商業會議所補助金

京城商業會議所ヨリ當京城協賛會經費ニ對シ金壹萬圓ノ補助アリタリ

報告書作成及文書保管

報告書作成　本會は會員並に本會關係者に對し、會務を報告する爲め、朝鮮博覽會京城協賛會事務報告書を作成し本會會員及び關係者に送附せり

因に這回の博覽會は、朝鮮に於ける空前の盛擧にして、其の規模、計畫頗る雄大なるものあり、之を翼賛せる本協賛會も亦、其の事業諸般に亙りて多岐なりしかば、其の一般を各位に報告するは、本會最終の事業と信じ之が編輯に當りては、周到なる注意を加へたるも期日接迫の爲め遺漏なきを期し難し希くは寛恕あらんことを

文書保管　文書帳簿其他書類は博覽會閉會後殘務整理期に入ると共に、各係に於て取扱ひたる帳簿其他書類を適當に之を整理し、全部一括して目錄を作成し其保管方を、京城府に委囑せり

入場券の發賣

本會は朝鮮總督府の委託に依り博覽會入場劵の發賣をなしたり、入場劵賣場は博覽會正門前に三箇所（内一箇所は團體劵賣場）裏門前に一箇所を設け事務員二名と女事務員（切符出納員と稱す）十五名を之に配置し發賣事務に從事せしめたり、有料諸切符及料金受拂規程、出納員執務心得及入場劵發賣表を擧くれば左の如し。

有料諸切符及料金受拂規程

第一條　朝鮮博覽會入場劵、京城協賛會演藝館入場劵、同子供ノ國飛行塔使用劵、同メーリグランド使用劵、同サーグリング使用劵、同海底旅行館入場劵、萬國街入場劵及其ノ料金ノ受拂ハ本規程ニ依ル

第二條　前條ノ諸切符ハ會計部物品取扱主任ニ於テ保管シ取扱主任ハ第一號樣式ノ諸切符受拂簿ヲ備フヘシ

第三條　第一條ノ諸切符賣捌ノ爲其ノ賣捌場所ニ切符出納員ヲ置ク

第四條　切符出納員ハ入場劵受拂ノ爲第二號樣式ノ切符受渡簿ヲ備フヘシ

第五條　切符出納員ハ前日中ニ翌日ノ切符所要見込枚數ヲ物品取扱主任ニ通知シ當日發賣開始時間前迄ニ之ヲ受領シ其ノ賣捌料金ハ當日ノ午前及午後發賣閉鎖後ノ二回ニ區分シ朝鮮商業銀行當座預金入金

票ニ依リ派出銀行員ニ拂込ミ其ノ殘枚數ハ切符受渡簿ニ當座預金入金證ヲ添ヘ物品取扱主任ニ引繼クヘシ

第六條　物品取扱主任及切符出納員ハ其ノ保管中ノ切符及現金ニ付一切ノ責ニ任スルモノトス

第七條　會長、理事長及會計部主任理事又ハ其ノ指定ヲ受ケタル者ハ隨時切符ノ保管、發賣ノ状況及諸帳簿、現金等ノ檢査ヲ爲スコトアルヘシ。

第一號樣式

諸切符受拂簿

月	日	受	拂	殘	摘要	會計部主任理事印

本簿ハ切符ノ種類及料金ノ異ナル毎ニ口座ヲ設ケ整理スルモノトス

第二號樣式

切符受渡簿

月日	物品取扱主任ヨリ受入枚數	同上受領印	發賣		殘枚數	物品取扱主任受領印	摘要
			枚數	金額			

本簿ハ二種類以上ノ切符ヲ發賣スル場合ハ別口座ヲ設ケ整理スルモノトス

切符出納員執務心得

一　切符出納員ハ其ノ職務ニ付誠實ヲ旨トシ且親切叮嚀ナルコト

二　切符出納員ハ毎日必ス午前八時迄ニ出勤シ會計部物品取扱主任ヨリ當日賣捌クヘキ切符ノ所要枚數ヲ受取リ其ノ數量ヲ切符受渡簿ニ登記ノ上入場開始前迄ニ受持ノ場所ニ着クコト

三　切符出納員病氣其他已ムヲ得サル事故ノ爲缺勤セムトスルトキハ遲クモ當日午前八時迄ニ屆出ヲ爲スコト

四　切符ノ賣捌ニ付テハ細心ノ注意ヲ拂ヒ計算違ノ爲料金ニ過不足ヲ生シ又ハ盜難亡失等ノコトナキヲ期スルコト

五　切符出納員其ノ領收シタル料金ヲ亡失シタルトキハ理由ノ如何ヲ問ハス之カ辨償ヲ爲スノ責アルヲ以テ豫メ承知シ置クコト

六　領收シタル料金ハ別ニ交付スル入金票ニ依リ毎日午前午後ノ二回ニ派出銀行員ニ拂込ヲ爲スコト

七　切符出納員切符ノ賣捌ヲ閉鎖シタルトキハ其ノ賣捌枚數、金額及殘枚數ヲ切符受渡簿ニ登記シ殘枚數ハ受渡簿ニ派出銀行員ノ入金證ヲ添ヘ會計部物品取扱主任ニ引繼キ證印ヲ受クルコト

八　切符出納員ハ從順ヲ旨トシ會計部員其ノ他監督者ノ指揮命令ニ從フコト

博覽會入場券發賣表

月日	七曜	大人（人）	小人（人）	軍人（人）	團體（人）	合計（人）	入場料金額（円）	摘要
九、一二	木	三、七九〇	二八七	八	二一六	四、三〇一	一、二二三・六五	
同　一三	金	四、六九一	二二八	五	七四三	五、六六七	一、五七二・八五	
同　一四	土	五、〇九〇	三四三	五〇	八六四	六、三四七	一、七三一・八五	
同　一五	日	九、六五三	二、六五八	二二八	五六九	一三、一〇八	三、四五〇・七五	
同　一六	月	三、五九七	二一三	七	七四四	四、五六一	一、二一七・七〇	
同　一七	火	七、八五三	六四五	一〇	一、五四六	一〇、〇五四	二、七二七、二五	
同　一八	水	二、七七一	一四二	六	二、一三九	五、〇五八	一、一八九・〇五	
同　一九	木	六、五六九	四一八	一五	四、二八〇	一一、二八二	二、七六七・九五	

同 二〇	金	七、七四二	四七六	五六	七、〇八八	一五、三六二	三、六〇二・一五
同 二一	土	八、四一〇	七三六	二三	六、四五九	一五、六二八	三、七六七・六五
同 二二	日	二三、二八三	五、八〇九	五七	六、五九三	三五、七四二	九、〇六九・七〇
同 二三	月	二〇、五五五	五、五七八	一四	六、五〇九	三二、六五六	八、一八二・五〇
同 二四	火	九、一三六	六三三	一〇	八、一六八	一七、九四七	四、二五七・一〇
同 二五	水	八、一九八	四九一	六	七、七九二	一六、四八七	三、八四〇・〇〇
同 二六	木	五、一九三	三四七	三	七、二〇五	一二、七四八	二、七五六・五五
同 二七	金	一〇、〇六七	七一六	四	一一、〇七六	二一、八六三	四、八一五・九〇
同 二八	土	九、五八七	八一五	五	九、一五二	一九、五五九	四、四六二・五〇
同 二九	日	一七、八一〇	五、二三三	六	五、九七三	二九、〇二二	七、二四一・二五
同 三〇	月	九、九三八	七八六	四	九、五六一	二〇、二八九	四、六二五・五〇
一〇、一	火	一〇、〇七七	一、七〇七	三〇	二、六九八	一四、五一二	三、七四七・三五
同 二	水	二三、一一六	四、一二四	五二四	一一、四三六	三九、二〇〇	九、七四四・一五
同 三	木	一二、四〇一	九一八	八五	九、六八〇	二三、〇八四	五、四三七・九〇
同 四	金	一一、三〇四	九四五	一八六	一〇、六九八	二三、一三三	五、二二七・七五
同 五	土	一〇、一六七	九四五	一〇〇	一一、五二四	二二、七三六	四、九五七・九五
同 六	日	二〇、五九八	五、三七四	九〇六	一〇、四八四	三七、三六二	八、九九二・〇五
同 七	月	四、二三〇	三〇五	八〇	六、二五九	一〇、八七四	二、二三三・七〇
同 八	火	一一、四二四	八八七	二三	一〇、三二二	二二、六五五	五、二九二・二五

一〇　九	水	八、五〇五人	六〇一人	三九人	八、三一八人	一七、四六三人	四、〇〇三・四〇円	
同　一〇	木	八、三七八	六七〇	一四五	一〇、二八五	一九、四七八	四、二〇二・九五	實探しデー
同　一一	金	八、七〇二	六八五	九九	一一、二六六	二〇、七五二	四、三六一・三〇	
同　一二	土	八、七一五	一、〇二六	二四一	一二、七七二	二二、七五四	四、七八五・三五	
同　一三	日	一七、五八六	六、六七〇	三一四	七、三七九	三一、九四九	七、六五〇・九五	變裝者探しデー
同　一四	月	六、三五三	七〇二	一三九	七、一九七	一四、三九一	三、一六四・三五	
同　一五	火	五、〇六〇	五五二	四一	六、六三九	一二、二九二	二、五八一・二〇	
同　一六	水	七、四五三	六五八	一三	九、一九四	一七、三一八	三、六九二・三五	福引デー
同　一七	木	一三、二六八	三、六五七	二三九	八、八四〇	二六、〇〇四	六・一〇七・一五	
同　一八	金	八、八四六	二、〇二八	五	八、六一五	一九、四九四	四、三一六・九五	
同　一九	土	七、八四一	七九〇	三	四、六九四	一三、三二八	三、一九五・五五	
同　二〇	日	一七、二四七	五、二一八	八一	四、七六九	二七、三一五	六、八一二・八五	入場者豫想投票デー
同　二一	月	六、五七〇	五〇八	五	三、四三八	一〇、五二一	二、六四一・一五	
同　二二	火	五、三〇六	四五三	七	三、四九三	九、二五九	二、二七七・七五	
同　二三	水	七、〇一二	六二一	三七	三、七七三	一一、四四三	二、八六六・七〇	小供汽車福引デー
同　二四	木	六、五七二	五三九	五	三、六三五	一〇、七五一	二、五九八、〇五	演藝舘デー
同　二五	金	六、五四八	五六五	七	三、八七三	一〇、九九三	二、六二三、八五	福引デー
同　二六	土	六、七八六	七九三	八	二、五六一	一〇、一四八	二、五九六、四〇	
同　二七	日	三三、五八一	一〇、〇九四	四九	四、六六三	四八、三八七	一二、四六三、九〇	成功祝賀大福引デー

月日	曜							備考
同 二八	月	八、二五七	七六一	三	六〇七	九、六二八	二、六七七、三五	
同 二九	火	一五、六二七	一、七九八	二三	一、九五七	一九、四〇五	二、五八〇、七〇	(本日ヨリ入場料半額トナル)演藝館デー
同 三〇	水	二七、九九四	四、一一八	五九	二、一九八	三四、三六九	四、五五五、一〇	朝博感謝大福引デー
同 三一	木	三九、九一五	六、四八四	二二九	三、〇〇六	四九、六三四	六、五三八、八五	福引デー
		二七、五七一	二九二	三	—	二七、八六六	八、三一四、六〇	會期中窓口外ニテ發賣セルモノ
計		**五八六、九四三**	**九二、〇四二**	**四、二四四**	**三〇二、九五〇**	**九八六、一七九**	**二二五、六八九、七〇**	
門鑑賣上代		一七二、八五一	二〇五、四四四	—	二二二、五〇〇	—	四、二七二、〇〇	
合計	—	—	—	—	—	—	**二二九、九六一、七〇**	

（備考）入場人員九十八萬六千百七十九人ハ有料者ノミノ人員ニシテ優待券其他無料入場者數十萬人ヲ算スレハ實際入場者壹百數十萬人トナレリ

寄附者氏名

金參萬圓　東京三井合名會社社長　三井八郎右衛門
金參萬圓　東京三菱合資會社社長　岩崎小彌太
金貳萬圓　京城電氣株式會社
金壹萬貳千圓　朝鮮銀行
金壹萬貳千圓　朝鮮殖産銀行
金壹萬圓　東京　東洋拓殖株式會社
金壹萬圓　東京　安田善次郎
金壹萬圓　大連　南滿洲鐵道株式會社
金五千圓　李王家
金五千圓　東京　朝鮮鐵道株式會社
金五千圓　大阪住友合資會社社長　住友吉左衛門
金四千六百四十圓　東京　第一銀行
金參千圓　株式會社丁字屋　小林源六

金參千圓　東京　朝鮮商業銀行
金參千圓　東京　古河合名會社　古河電氣工業會社
金參千圓　東京　南朝鮮鐵道株式會社
金參千圓　東京　國際通運株式會社
金參千圓　東京　大川平三郎
金參千圓　東京　株式會社三越
金參千圓　東京　合名會社大倉組
金參千圓　朝鮮煙草元賣捌株式會社
金貳千圓　東京　株式會社鈴木商店
金貳千圓　東京　服部金太郎
金貳千圓　東京　日本石油株式會社
金貳千圓　東京　根津嘉一郎
金貳千圓　東京　國際運輸株式會社

金貳千圓　大日本麥酒株式會社京城出張所
金貳千圓　三中井呉服店
金貳千圓　崔昌學
金壹千七百圓　朝鮮郵船株式會社
金壹千五百圓　朝鮮火災海上保險株式會社
金壹千五百圓　長崎　十八銀行
金壹千五百圓　大阪　山口銀行
金壹千五百圓　朝鮮土地改良株式會社
金壹千五百圓　不二興業株式會社
金壹千五百圓　金剛山電氣鐵道株式會社
金壹千五百圓　キリンビール株式會社京城支店
金壹千參百圓　閔泳徽
金壹千圓　東京　合資會社清水組

金壹千圓　東京　千代田生命保險株式會社
金壹千圓　株式會社　平田百貨店
金壹千圓　東京　森永製菓株式會社
金壹千圓　東京　第一生命保險相互會社
金壹千圓　漢城銀行
金壹千圓　京城株式現物取引市場
金壹千圓　ライジングサン石油會社京城支店
金壹千圓　紐育スタンダード石油會社朝鮮支店
金壹千圓　東京片倉製糸紡績株式會社　片倉兼太郎
金壹千圓　東京片倉製糸紡績株式會社　今井五介
金壹千圓　東京　日本生命保險株式會社
金壹千圓　千葉　野田醬油株式會社
金壹千圓　高木德彌
金壹千圓　辻本嘉三郎
金壹千圓　林宗相

金八百圓　金曝中　金棋中
金八百圓　金潤錫
金七百圓　韓一銀行
金七百圓　無名氏
金六百五拾圓　食道園　安淳煥
金六百圓　李鍾九
金五百圓　李堈公家
金五百圓　李鍝公家
金五百圓　株式會社　睦商會
金五百圓　株式會社　大澤商會京城支店
金五百圓　株式會社　明治屋京城支店
金五百圓　朝鮮土地經營株式會社
金五百圓　東京　山一證券株式會社
金五百圓　東京明治製菓株式會社　明治商店
金五百圓　東京片倉製糸紡績株式會社　片倉耕介

金五百圓　片倉製糸紡績株式會社　京城製糸所
金五百圓　櫻ビール株式會社京城出張所
金五百圓　有賀光豊
金五百圓　淺野太三郎
金五百圓　佐藤勝太
金五百圓　吉川太市郎
金五百圓　高瀨合名會社
金五百圓　廣安重郎
金五百圓　戶嶋祐次郎
金五百圓　朝鮮生命保險株式會社
金五百圓　大阪　東洋棉花株式會社
金五百圓　尹致昊
金五百圓　李錫九
金五百圓　齋藤久太郎
金四百圓　大阪　藤本ビルブローカ銀行

金四百圓 釘本藤次郎
金四百圓 高居瀧三郎
金四百圓 阿比留ヨシ
金四百圓 李恒九
金四百圓 金熙俊
金四百圓 李鍾蘢
金四百圓 全鎣弼
金參百五拾圓 株式會社福田又商店京城支店
金參百五拾圓 尹致昭
金參百圓 株式會社横山商店
金參百圓 廣島株式會社熊平商店
金參百圓 京城水產株式會社
金參百圓 株式會社新井藥房
金參百圓 賀田直治
金參百圓 共濟無盡株式會社

金參百圓 株式會社伊藤商行
金參百圓 龍山工作所
金參百圓 東京杵屋佐吉
金參百圓 朝鮮書籍印刷株式會社
金參百圓 東京明治生命保險株式會社
金參百圓 東京東洋生命保險株式會社
金參百圓 朝鮮貯蓄銀行
金參百圓 京城內地人辯護士會
金參百圓 赤荻與三郎
金參百圓 川北電氣京城出張所
金參百圓 田中三郎
金參百圓 進辰馬
金參百圓 佐野彥藏
金參百圓 城台一六
金參百圓 津村精造

金參百圓 古城梅溪
金參百圓 花園佐吉
金參百圓 山邑京城支店
金參百圓 山口太兵衛
金參百圓 高村甚一
金參百圓 葉山フミ
金參百圓 都筑康二
金參百圓 岩崎三藏
金參百圓 和田俊一
金參百圓 天日常次郎
金參百圓 荒井初太郎
金參百圓 渡邊定一郎
金參百圓 金思轍
金參百圓 朴榮喆
金參百圓 東亞婦人商會崔楠

金參百圓　和信商會　申泰和
金參百圓　文翊相
金參百圓　崔翰宇
金參百圓　金漢圭
金參百圓　白運永
金參百圓　金晟均
金參百圓　崔潤錫
金參百圓　李丙默
金參百圓　裵奭煥
金參百圓　尹德榮
金參百圓　羅世煥
金貳百五拾圓　東京　帝國生命保險會社
金貳百五拾圓　瀧川靜江
金貳百五拾圓　喜多タネ
金貳百五拾圓　梶原末太郎

金貳百五拾圓　茂呂朔治
金貳百五拾圓　趙鼎允
金貳百五拾圓　李鍾翊
金貳百五拾圓　李重翊
金貳百五拾圓　須藤久左衛門
金貳百圓　福德無盡株式會社
金貳百圓　株式會社日米商會京城支店
金貳百圓　合資會社山岸天佑堂
金貳百圓　株式會社前田商店
金貳百圓　東亞蠶糸會社
金貳百圓　株式會社松本組　阿部喜之助
金貳百圓　共同火災保險株式會社京城出張所
金貳百圓　横濱火災海上保險株式會社京城支店
金貳百圓　京城菓子株式會社
金貳百圓　株式會社北陸組出張所

金貳百圓　合資會社京城ゴム工業所
金貳百圓　朝日石鹼會社
金貳百圓　株式會社大二商會
金貳百圓　朝鮮計器株式會社
金貳百圓　合資會社間組京城支店
金貳百圓　合名會社盛陽社
金貳百圓　東京　若柳吉藏
金貳百圓　大阪　野村證券株式會社
金貳百圓　東京　小池銀行
金貳百圓　東京　早川ビルブローカー銀行
金貳百圓　大阪　豊國火災保險株式會社京城出張所
金貳百圓　大阪　大阪海上火災保險株式會社
金貳百圓　東京　第一徵兵保險會社
金貳百圓　大阪　大同生命保險會社
金貳百圓　橋詰庄太郎

金貳百圓　近藤安吉　金貳百圓　花月食堂　金貳百圓　合資會社中島商店
金貳百圓　田村ミネ　金貳百圓　秋吉正夫　金貳百圓　野々村謙三
金貳百圓　佐藤半次郎　金貳百圓　阿川組　金貳百圓　黑野正太郎
金貳百圓　千田修二　金貳百圓　中原鐵臣　金貳百圓　河村重行
金貳百圓　楠本吉太郎　金貳百圓　浦尾喜知　金貳百圓　目良卯一
金貳百圓　木村眞三郎　金貳百圓　新田義民　金貳百圓　伊藤大次郎
金貳百圓　藤井佐規　金貳百圓　山本正三　金貳百圓　陣内茂吉
金貳百圓　本吉清一　金貳百圓　新田利兵衛　金貳百圓　堀内組鈴木善八
金貳百圓　橋口卯作　金貳百圓　茅野留藏　金貳百圓　宮川和一
金貳百圓　仙波潤一郎　金貳百圓　増田屋支店　金貳百圓　山名松太郎
金貳百圓　津留崎一　金貳百圓　肥塚正太　金貳百圓　朴寧根
金貳百圓　森政吉　金貳百圓　坂本正夫　金貳百圓　李相玉
金貳百圓　大藪博治　金貳百圓　藤澤友吉京城支店　金貳百圓　禹鍾觀
金貳百圓　島田利吉　金貳百圓　古城菅堂　金貳百圓　金升鎭
金貳百圓　鹿島組出張所　金貳百圓　鹽濱霞舟　金貳百圓　韓萬熙

金貳百圓 韓昌洙
金貳百圓 韓相龍
金貳百圓 閔商鎬
金貳百圓 鄭倫根
金貳百圓 沈載德
金貳百圓 方夏容
金貳百圓 金容億
金貳百圓 金炳八
金貳百圓 洪正求
金貳百圓 京城紡織株式會社
金貳百圓 雅叙園 中華 徐鴻洲
金貳百圓 金炳定
金貳百圓 朴大赫
金貳百圓 海東銀行
金貳百圓 金潤冕

金貳百圓 李秉寬
金貳百圓 韓亮鎬
金貳百圓 白完爀
金貳百圓 曺秉學
金貳百圓 中山秀一
金貳百圓 小杉謹八
金貳百圓 久保田繁
金貳百圓 張鉉重
金貳百圓 中華總商會 中華 宮鶴汀
金貳百圓 杉山中
金貳百圓 宮林泰司
金壹百五拾圓 朝鮮皮革會社 京城販賣部
金壹百五拾圓 株式會社友井尙文堂社長 友井福三
金壹百五拾圓 京城淸涼社代表 肥塚正太
金壹百五拾圓 東京 木村雄次

金壹百五拾圓 東洋捕鯨株式會社朝鮮支店
金壹百五拾圓 東京 有隣生命保險株式會社
金壹百五拾圓 東京 共保生命保險株式會社
金壹百五拾圓 東京 愛國生命保險株式會社
金壹百五拾圓 東京 日淸生命保險株式會社
金壹百五拾圓 東京 八千代生命保險株式會社
金壹百五拾圓 東京 日華生命保險株式會社
金壹百五拾圓 大阪 福德生命保險株式會社
金壹百五拾圓 北野ミス
金壹百五拾圓 海市商會
金壹百五拾圓 中村イセ
金壹百五拾圓 日の丸小間物店
金壹百五拾圓 物部幸雄
金壹百五拾圓 半田善四郎
金壹百五拾圓 古川福松

金壹百五拾圓　田端俊純
金壹百五拾圓　石井トミ
金壹百五拾圓　井手貞三
金壹百五拾圓　後藤豊藏
金壹百五拾圓　千葉利右衛門
金壹百五拾圓　古賀福太郎
金壹百五拾圓　富野繁一
金壹百五拾圓　苫米地造酒彌
金壹百五拾圓　金洪秀
金壹百五拾圓　韓龍植
金壹百五拾圓　金世鎭
金壹百五拾圓　孫熙璋
金壹百五拾圓　金源百
金壹百五拾圓　金然龜
金壹百五拾圓　株式會社美術品製作所

金壹百參拾八圓參拾錢　富田秀三
金壹百貳拾圓　金洙瑩
金壹百圓　北內商店
金壹百圓　黑川肉店
金壹百圓　夏川京城支店
金壹百圓　池尾好太郎
金壹百圓　增田出張所
金壹百圓　伊藤乙彥
金壹百圓　德力本店京城出張所
金壹百圓　松本繁藏
金壹百圓　增田直三郎
金壹百圓　飯泉俊清
金壹百圓　瀨戶勝兵衛
金壹百圓　西松組京城出張所
金壹百圓　三浦幸一郎

金壹百圓　岩本弘二
金壹百圓　京城食糧品市場
金壹百圓　中島ミヱ
金壹百圓　大坂屋號書店
金壹百圓　森川定次郎
金壹百圓　坂井文治
金壹百圓　川崎工場京城出張所
金壹百圓　三好唯吉
金壹百圓　山本商店
金壹百圓　田中秀一郎
金壹百圓　森己三郎
金壹百圓　土井誠一
金壹百圓　末森富良
金壹百圓　岸本貫次郎
金壹百圓　渡邊新太

金壹百圓　杉山　久
金壹百圓　樽元商行
金壹百圓　藤田米三郎
金壹百圓　古城龜之助
金壹百圓　増田利作
金壹百圓　森平幾松
金壹百圓　角田晴之助
金壹百圓　小寺忠行
金壹百圓　三田政治郎
金壹百圓　五島榮藏
金壹百圓　村上幸次郎
金壹百圓　多田工務所
金壹百圓　月本政次郎
金壹百圓　鷹取虎四郎
金壹百圓　林田金次郎

金壹百圓　丹下兼助
金壹百圓　和田壽夫
金壹百圓　和田八千穂
金壹百圓　富澤周太郎
金壹百圓　澤　定吉
金壹百圓　ユニオン商會
金壹百圓　楠本商店
金壹百圓　セール商會
金壹百圓　吉岡定次郎
金壹百圓　淺見寅次郎
金壹百圓　北原佐代重
金壹百圓　三宅組
金壹百圓　長野　肇
金壹百圓　彌吉カメ
金壹百圓　田口茂八

徳永商店
吉本惠七
鹽澤千代
野永庄次郎
北村帽子店
増田三穂
伊藤愛八
水菓子松次郎
勢山正俊
木村治八
河部誠介
山田鈴太郎
松本國六
森　安一
黒川ステ

金壹百圓　堀内滿輔
金壹百圓　篠崎半助
金壹百圓　五味安太郎
金壹百圓　阿比留常吉
金壹百圓　土井一義
金壹百圓　篠塚玉
金壹百圓　大林組　望月勉
金壹百圓　株式會社　大海堂
金壹百圓　合資會社　丸三商會
金壹百圓　東洋畜產株式會社
金壹百圓　株式會社　平戸商店京城支店
金壹百圓　角一ゴム合資會社　京城出張所
金壹百圓　株式會社　明時堂
金壹百圓　株式會社　吉原商店
金壹百圓　合名會社　近澤商店

金壹百圓　中央物產株式會社
金壹百圓　合資會社　山崎組
金壹百圓　大陸ゴム工業株式會社
金壹百圓　中央商工株式會社
金壹百圓　株式會社永興社
金壹百圓　横濱　横濱生命保險會社
金壹百圓　東京　太平生命保險會社
金壹百圓　東京　東海生命保險相互會社
金壹百圓　東京　蓬莱生命保險會社
金壹百圓　東京　常盤生命保險會社
金壹百圓　東京　大正生命保險會社
金壹百圓　東京　片倉生命保險會社
金壹百圓　朝鮮製糸株式會社
金壹百圓　朝鮮農業株式會社
金壹百圓　京城理髮業組合

金壹百圓　梁瀨自動車會社　京城出張所
金壹百圓　京城自動車會社
金壹百圓　日本自動車株式會社　京城出張所
金壹百圓　鐵道工業會社　京城出張所
金壹百圓　山本自動車會社
金壹百圓　鮮一紙物株式會社
金壹百圓　朝鮮農林株式會社
金壹百圓　朝鮮製綿株式會社
金壹百圓　內鮮自動車運輸株式會社
金壹百圓　株式會社可部商會
金壹百圓　朝日自動車商會
金壹百圓　東京　阿部充家
金壹百圓　李達鎔
金壹百圓　李根宇
金壹百圓　姜錫鎬

金壹百圓 李般浩
金壹百圓 尹杜聖
金壹百圓 柳斗煥
金壹百圓 朴基鴻
金壹百圓 金慶培
金壹百圓 金弼洙
金壹百圓 金文鎬
金壹百圓 金仁培
金壹百圓 方元培
金壹百圓 張寅永
金壹百圓 李德圭
金壹百圓 金奉鉉
金壹百圓 金用集
金壹百圓 李鳳夏
金壹百圓 朴基豊

金壹百圓 金仁熙
金壹百圓 宋祥九
金壹百圓 閔弘植
金壹百圓 金溶採
金壹百圓 金世旭
金壹百圓 金赫鎮
金壹百圓 金鎔觀
金壹百圓 李相圭
金壹百圓 金敎駿
金壹百圓 尹致旺
金壹百圓 嚴杜益
金壹百圓 劉琮鉉
金壹百圓 太西館
金壹百圓 池松旭
金壹百圓 李性晙

金壹百圓 崔炳琡
金壹百圓 嚴杜承
金壹百圓 白樂元
金壹百圓 金顯濟
金壹百圓 李鍾國
金壹百圓 金益泳
金壹百圓 韓肯鎬
金壹百圓 鄭仁植
金壹百圓 崔仁成
金壹百圓 崔學載
金壹百圓 金鍾萬
金壹百圓 孟玄愚
金壹百圓 韋京燮
金壹百圓 吳正根
金壹百圓 權重鎰

金壹百圓 安　濤　金壹百圓 朴承弼　金七拾圓 今村伊三郎
金壹百圓 閔泳瓚　金壹百圓 閔丙奭　金七拾圓 朝子スヱノ
金壹百圓 成明信　金八拾五圓 植村俊二　金七拾圓 桐山タマ
金壹百圓 崔松雪堂　金八拾五圓 藤井虎彥　金七拾圓 後藤風雲堂 京城出張所
金壹百圓 閔衡基　金八拾圓 山田留吉　金七拾圓 鄭仁好
金壹百圓 金炳穆　金八拾圓 羅智學　金七拾圓 李秉直
金壹百圓 吳東準　金七拾五圓 山岡發動機 京城支店　金七拾圓 韓昌鎬
金壹百圓 閔丙承　金七拾五圓 松寺竹雄　金七拾圓 李澤鎭
金壹百圓 金學洙　金七拾五圓 横田五郎　金七拾圓 李圭顯
金壹百圓 金容觀　金七拾五圓 中村竹藏　金六拾圓 柴田三代治
金壹百圓 金寬鉉　金七拾五圓 松浦鎭次郎　金六拾圓 忠南靑陽邑 兒玉正爾
金壹百圓 金錫泰　金七拾五圓 藤山健次　金六拾圓 崔祥鉉
金壹百圓 金甲淳　金七拾五圓 吳泰煥　金六拾圓 崔　鎭
金壹百圓 梁春文　金七拾圓 戸澤商店　金六拾圓 金錫晋
金壹百圓 梁在爀　金七拾圓 藤木利右衛門　金六拾圓 林奉奎

金六拾圓　鄭　鳳　鉉
金五拾五圓　三山喜三郎
金五拾圓　鮎貝房之進
金五拾圓　富岡新次郎
金五拾圓　松山主計
金五拾圓　長島　調
金五拾圓　川井昌一
金五拾圓　江川菓子店
金五拾圓　柴田令五郎
金五拾圓　吉野新平
金五拾圓　寺澤藤三郎
金五拾圓　江頭運平
金五拾圓　小林勘次郎
金五拾圓　中西自轉車店
金五拾圓　高野朔一郎

金五拾圓　高杉京城出張所
金五拾圓　鶴田松次郎
金五拾圓　原田和太郎
金五拾圓　中村芳松
金五拾圓　碇　舜江
金五拾圓　高瀨　梅
金五拾圓　宮川太輔
金五拾圓　藤富國太郎
金五拾圓　秋葉仙之助
金五拾圓　阿部　悟
金五拾圓　清水豊治
金五拾圓　野田源五郎
金五拾圓　伊藤惠夫
金五拾圓　齊木恒夫
金五拾圓　大熊宗平

金五拾圓　村松武八
金五拾圓　鈴木文次郎
金五拾圓　建部永吉
金五拾圓　出光商會京城出張所
金五拾圓　脇田清太郎
金五拾圓　村木時計店
金五拾圓　藤田熊吉
金五拾圓　眞鍋貞太郎
金五拾圓　井原助太郎
金五拾圓　望戸力一
金五拾圓　小守七藏
金五拾圓　北島藥店
金五拾圓　中込仁造
金五拾圓　市來榮之助
金五拾圓　瀨口商會

金五拾圓　大石又吉
金五拾圓　久保田商店
金五拾圓　名産商會
金五拾圓　山崎　新
金五拾圓　高尾庄吉
金五拾圓　初田仁三郎
金五拾圓　本村左馬治
金五拾圓　濱本寅吉
金五拾圓　當房有治郎
金五拾圓　岩見ハル
金五拾圓　川勝京城支店
金五拾圓　田部亮太郎
金五拾圓　鈴木喜代藏
金五拾圓　二宮常一
金五拾圓　向井吉治

金五拾圓　藤井貫一
金五拾圓　松本清次郎
金五拾圓　岡本岩三郎
金五拾圓　蒲田商店京城出張所
金五拾圓　戸田正夫
金五拾圓　茨木廣三
金五拾圓　三浦伊三郎
金五拾圓　橋本キミ
金五拾圓　尾崎勝三郎
金五拾圓　大塚伊三郎
金五拾圓　永井新之助
金五拾圓　中村繁作
金五拾圓　朝日組京城支店
金五拾圓　宗像イツ
金五拾圓　河村千治郎

金五拾圓　野口和三
金五拾圓　河内山樂三
金五拾圓　藏　長太郎
金五拾圓　西村秀次郎
金五拾圓　伊藤米松
金五拾圓　御手洗幸作
金五拾圓　吉村彌三郎
金五拾圓　佐々木四方志
金五拾圓　岡本柳吉
金五拾圓　淺野正之助
金五拾圓　辻村榮助
金五拾圓　谷川完吾
金五拾圓　野中健造
金五拾圓　酒井　組
金五拾圓　畑　詮之助

金五拾圓　柴田榮一
金五拾圓　谷口小次郎
金五拾圓　難波留三郎
金五拾圓　古賀彥作
金五拾圓　西山吉兵衛
金五拾圓　河野又一
金五拾圓　山本惣三郎
金五拾圓　大塚幸太郎
金五拾圓　北村三郎
金五拾圓　安川伊吉
金五拾圓　三浦さかゑ
金五拾圓　戸張又市
金五拾圓　石橋松太郎
金五拾圓　土肥鹿四郎
金五拾圓　津田辰次郎

金五拾圓　熊城鍾三郎
金五拾圓　山本幸次郎
金五拾圓　内田元治郎
金五拾圓　濱本佐之助
金五拾圓　大和與次郎
金五拾圓　白坂七雄
金五拾圓　榊谷組
金五拾圓　永岡長右工門
金五拾圓　切山篤太郎
金五拾圓　池田秀雄
金五拾圓　野村千太郎
金五拾圓　横橋守雄
金五拾圓　堀井謄寫堂京城出張所
金五拾圓　川村竹四郎
金五拾圓　宗政卯之治郎

金五拾圓　田村作郎
金五拾圓　沖田佐一
金五拾圓　梅林松太郎
金五拾圓　長谷川精一
金五拾圓　竹田五郎
金五拾圓　山田嘉太之亟
金五拾圓　西岡キセ
金五拾圓　畠山富右衛門
金五拾圓　眞玉榮治
金五拾圓　金高スギ
金五拾圓　望月憲磨
金五拾圓　石原磯次郎
金五拾圓　梅澤友七
金五拾圓　宮崎吉太郎
金五拾圓　村上キク

金五拾圓 木原猪之亟
金五拾圓 吉岡一市
金五拾圓 蒲原嘉津太
金五拾圓 萩森寅市
金五拾圓 酒見久四
金五拾圓 近江常吉
金五拾圓 市川鶴松
金五拾圓 植西源五郎
金五拾圓 鎌田半六
金五拾圓 岡田鬼太郎
金五拾圓 北村行雄
金五拾圓 藤田安之進
金五拾圓 松井佐七
金五拾圓 分島周次郎
金五拾圓 塚崎兼作

金五拾圓 廣澤さと
金五拾圓 村上旅館
金五拾圓 粟田信一
金五拾圓 宇野要八
金五拾圓 吉川好松
金五拾圓 秋山督次
金五拾圓 眞鍋十藏
金五拾圓 田川常次郎
金五拾圓 森啓助
金五拾圓 齊藤松太郎
金五拾圓 高橋章之助
金五拾圓 石橋滿
金五拾圓 谷岡貞七
金五拾圓 漢城貸座敷組合
金五拾圓 京城隆興株式會社

金五拾圓 株式會社金鷄社
金五拾圓 旭金庫工業株式會社京城支店
金五拾圓 東洋麻系紡績株式會社京城出張所
金五拾圓 朝鮮羅紗製品株式會社
金五拾圓 京城共同株式會社
金五拾圓 朝鮮無煙炭株式會社
金五拾圓 朝鮮火藥銃砲株式會社
金五拾圓 京城窯業株式會社
金五拾圓 株式會社赤尾保商店
金五拾圓 株式會社大倉洋紙店
金五拾圓 株式會社富田屋羅紗店
金五拾圓 廣藏株式會社
金五拾圓 合名會社萩原紙店
金五拾圓 京城共立無盡合資會社
金五拾圓 合資會社行政學會印刷所

金五拾圓 三巴酒造合資會社
金五拾圓 株式會社 毛利商店
金五拾圓 共同貿易株式會社
金五拾圓 株式會社 共益社
金五拾圓 大北火災海上運送保險株式會社
金五拾圓 朝鮮金融組合協會
金五拾圓 東洋オフセット株式會社
金五拾圓 日本コラスコン鋼材株式會社
金五拾圓 朝鮮殖産信託株式會社
金五拾圓 日本タイプライター株式會社京城出張所
金五拾圓 大昌織物株式會社
金五拾圓 株式會社南昌社
金五拾圓 朝鮮絹織株式會社
金五拾圓 江川自動車商會
金五拾圓 日本電氣株式會社

金五拾圓 合資會社 寶榮商會　金五拾圓 閔斗植
金五拾圓 東洋コンプレッソル株式會社　金五拾圓 李載峴
金五拾圓 朝鮮蠶糸株式會社　金五拾圓 趙性根
金五拾圓 朝鮮車輛鐵工合資會社　金五拾圓 崔貞鉉
金五拾圓 大西製菓合資會社　金五拾圓 柳弘植
金五拾圓 京畿道金融組合聯合會　金五拾圓 閔雲植
金五拾圓 株式會社 いわしや器械店　金五拾圓 吳基正
金五拾圓 朝鮮商工株式會社　金五拾圓 金星基
金五拾圓 中華 孫金甫　金五拾圓 朴恂遠
金五拾圓 中華 李書蓂　金五拾圓 洪泰錫
金五拾圓 中華 趙謙益　金五拾圓 金溶夏
金五拾圓 中華 王連三　金五拾圓 李元榮
金五拾圓 富來祥兄弟商會　金五拾圓 吳智泳
金五拾圓 朴富成　金五拾圓 禹善弼
金五拾圓 金然悳　金五拾圓 宋明浩

金五拾圓 金圭源
金五拾圓 朴容均
金五拾圓 鄭星汝
金五拾圓 金熙周
金五拾圓 方泰卿
金五拾圓 朴春根
金五拾圓 太應善
金五拾圓 金應善
金五拾圓 朴啓陽
金五拾圓 文鳳鎬
金五拾圓 金益培
金五拾圓 金錫浩
金五拾圓 金聲振
金五拾圓 徐丙韶
金五拾圓 劉準相

金五拾圓 金學濟
金五拾圓 申鳳休
金五拾圓 魚允文
金五拾圓 李熙璇
金五拾圓 裵商浩
金五拾圓 鄭世權
金五拾圓 安正浩
金五拾圓 韓性源
金五拾圓 全泰植
金五拾圓 朴衡璉
金五拾圓 李哲熙
金五拾圓 李海昌
金五拾圓 趙寅燮
金五拾圓 崔海弼
金五拾圓 金應煥

金五拾圓 洪翼杓
金五拾圓 金肯演
金五拾圓 盧益亨
金五拾圓 朴晴明
金五拾圓 李圭完
金五拾圓 金光準
金五拾圓 白雲化
金五拾圓 朴承稷
金五拾圓 明眞淳
金五拾圓 李濬永
金五拾圓 李枝盛
金五拾圓 李寅鎔
金五拾圓 李起昌
金五拾圓 趙弼祥
金五拾圓 朴信鎬

金五拾圓 李敬瑞
金五拾圓 趙孝淳
金五拾圓 禹象學
金五拾圓 鍾路鮮人宿屋組合
金五拾圓 沈戴厚
金五拾圓 金溶德
金五拾圓 文英鎬
金五拾圓 朴勝彬
金五拾圓 金大植
金五拾圓 元應常
金五拾圓 元悳常
金五拾圓 宋秉浩
金五拾圓 金然永
金五拾圓 李禹珏

金五拾圓 金觀燮
金五拾圓 申鉉宙
金五拾圓 金靜石堂
金五拾圓 文澤圭
金五拾圓 李圭元
金五拾圓 朴寅陽
金五拾圓 趙禮錫
金五拾圓 李東九
金五拾圓 金泰熙
金五拾圓 金炳星
金五拾圓 盧興運
金五拾圓 李之松
金五拾圓 李東薰
金五拾圓 南進祐

金五拾圓 金敬培
金五拾圓 張基鴻
金五拾圓 張永錫
金五拾圓 李斗鎔
金五拾圓 趙善用
金五拾圓 許澤
金五拾圓 宋寅和
金五拾圓 趙鎭泰
金五拾圓 趙宜誠
金五拾圓 朴有鎭
金五拾圓 梁世鎭
金五拾圓 金溶殷
金五拾圓 閔元植

一金四拾貳圓五拾錢之部

二宮亮吉
田中丸治平

一金四拾圓之部

渡邊豊日子
松村松盛
中谷キクヱ
松本誠
生田清三郎
榛葉孝平
今村武志
山本犀藏
渡邊忍
草場林五郎
岩井長三郎
古見正
大村卓一
尹希讆

一金參拾五圓之部

長尾戒三

一金參拾圓之部

西谷清一
大家壽枝
石川辰次郎
上田寫眞機店
原收
橋本周輔
村井綱藏京城出張所
池田泰次郎
稅田谷五郎
穗積眞六郎
恩田銅吉
加藤常美
津村勇
久保薫一
木村淺吉
北方末吉
高武公美
椎木四郎
目良忠太
松井嘉一郎
小森勝太郎
正崎長之助
井上久藏
酒井賴數

大島悳一
森田久三郎
神崎此助
港谷久吉
渡邊　晉
重田勘次郎
白銀朝則
谷川トシ
玉木音吉
高原駒太郎
浦田多喜八
加藤愿策
飯倉文甫
住谷富造
水野重功

奥田建夫
大島善吉
白石　巖
平山義雄
宇野宗一
大谷正之助
林　ゆき
動木常吉
三井榮長
中尾啓一
江口又三郎
富田屋合資會社
關水　武
田中幸三郎
原　正昇

澁谷豊作
高木　勇
森下孫一
古城憲治
西川政七
矢島杉造
金田マキ
坂井　清
松永桑次
泉　春造
土井リヨ
龍山小寺組
八尋生男
久保勝太郎
松井房治郎

鈴木寅吉
商業興信所
村上天紅
佐々木杏造
岩佐重一
本間孝義
中尾種治
原　志磨治
吉川平吉
鳴神重太郎
上原音市
柴田國市
七島柳太
伊藤やす
岩城信太郎

藤野敏夫　佐藤剛藏　浦上申三　戸田直温
齊藤固　岩崎眞雄　内原久次郎　京城穀物信託株式會社
朝鮮煙草興業株式會社　株式會社協同組 立石幹　新日本火災海上保險株式會社　東邦火災保險株式會社朝鮮支店
大福海上火災保險株式會社　光化門金融組合　鍾路金融組合　東大門金融組合
西大門金融組合　南大門金融組合　倭城金融組合　周世顯
傳維貢　孫方臣　葛松濤　趙星舫
尹志相　李圭元　韓奭熙　李輔漢
崔奎晩　金漢植　尹廷重　金貞烈
金寅昌　權永熙　白仁和　鄭海魯
長春園　金瓚永　李種甲

一金貳拾五圓之部

花本兵一　新町第二部　川田又藏　宮原藤太郎
朝の花出張所　俞致衡

一金貳拾圓之部

渡邊雅敬　實藤正太郎　中央市場　松本豊作

黛　平太郎
和田佐一
和田山春吉
竹下平三郎
星野友治
淵上貞助
重兼定太郎
石内　彌
花園町公設市場
大綱直文
港　佐吉
八木吉彥
青柳綱太郎
三好　野
鹽谷秀三郎

林　菅吉
坪川寅次郎
久松彥四郎
木下商店京城出張所
萩原彥三
石田定治郎
檀野國松
楠　商店
南　源兵衛
井上芳太郎
須賀商會京城支店
竹井三郎
土橋珍松
鈴木外次郎
橘　圓壽

澤浦　潔
磯部　諟
後藤眞咲
升田亮一
飯島寛一郎
宮崎竹次郎
西尾留之亟
福士末之助
山本繁次郎
金川才吉
渡邊慶浩
村上一二
淺　松太郎
山内大條
龍山公設市場

樋口長次郎
若松淸治郎
澤　慶治郎
遠田リツ
佐原辰雄
桐原弘晴
鈴木百松
小野喬一郎
宇野田商店
桑田商店
細江爲太郎
中村郁一
佐藤熊太郎
高　榮組
進藤純一郎

杉井定治
椋木彥五郎
塚崎由太郎
野田幸太郎
上瀧　基
高田與六
戸田嘉次郎
谷岡五三郎
伊藤幾弌
藤本チト
高崎　齊
魯　允　廸
上原尙志
小川　悌
澤崎　修

向井卯一
西崎源太郎
阿部俊伍
中田文太郎
鈴木哲郎
北川重吉
白澤道太郎
藤江萬兵衛
橋本嘉太郎
山田八太郎
土師盛貞
周防正季
那須　懋
笹　慶一
衛藤祐盛

今村豊八
佐藤憲三郎
新町第三部
小河正義
相良友三
戸田政治
齋藤嘉與次
芝崎キサ
菊地高藏
白川平治
高谷武助
淺田喜十右衛門
土居寬申
橋本龜五郎
大澤次三郎

一杉楢次郎
横井増治
西原園次
鈴木竹麿
森田英松
堀岡きよの
山野久太郎
井上宜文
富井實太郎
林　文子
田中武雄
西川楢三郎
岡本正夫
金　成　浩
松尾嘉藏

萩野かつ
合資會社 須川材木店
朝鮮運輸倉庫株式會社 京城支店
株式會社鈴廉支店 京城出張所

京城鑄物製作所
大日本酒類釀造株式會社 京城出張所
王公温
張升三

宮鶴汀
王芝福
曲渭濱
丸ビル

李完榮
車載厚
梁胤基
閔丙漢

李亨善
吳善慶
朴聖浩
鄭淳琦

李貞來
李周和
金大元
東部鮮人宿屋組合

黃海旅館
孫義日
嚴俊源
蔡奎丙

李泰植
孔鎭泰
金世亨
咸聖煥

李昌薰
金興洙
春景園
李殷培

赤尾虎吉

一金拾五圓之部

仲谷熊太郎
岩淵友次
三澤佐四郎
廣江澤次郎

田村榮作
立山榮吉
原田寅吉
三村清治

堀內覺三郎
澤村九平
飯田悳
瀬戸潔

江頭富雄
中島貞信
酒井一郎
金井豊七

河野衛
神吉長作
牛島スミ
宮地幸三

森　親雄　　神尾　修　　石川倦造　　柴田金松
堅田福松　　堀井義之輔　　練兵町廉賣所　　天野ユキ
伊東淳吉　　森田秀治郎　　笠井健太郎　　增永正一
多田吉鍾　　野村調太郎　　喜頭兵一　　古野龜松
堀田又三郎　　エヌ、エス、ワイ合名會社京城支店　　金　永説　　曺　世雨
大曲和一郎

一金拾貳圓五拾錢之部

小村榮三　　一色善太郎　　島崎龍一　　衣笠　茂
本田建義　　岩田末彥　　中村健吉　　工藤武城

一金拾貳圓之部

木谷重榮　　仁田常英　　橋本左太郎　　加藤正擴
藤原　高　　淸水武紀　　荻山秀雄　　志村恒義
稻垣茂一　　尾形友助　　古谷傳一　　小山一德
横山富吉　　山本智道　　石村保三郎　　鷹松龍種
山澤和三郎　　村場榮助　　神尾弌春　　澤村荒次郎

中橋政吉
松野二平
三澤正美
石崎頼久
田中明
秋山實
石川留吉
河野喜一郎
山本尋己
牧山正德
古庄逸夫
岡村正雄
松本伊織
兒島高信
内田銓藏
渡邊龍

一金拾圓之部

横山武雄
大山慶次
瀬戸芳衛
山口大助
野村きみ
米原竹藏
小西吉郎
朝鮮水產會
氏原佐太郎
宮崎崎太郎
森井與一郎
岩見寅次郎
宮本吉次
早川左喜男
矢野政吉
板倉商店
成瀬喜代治
鈴木坂鐵
峯岸善太郎
小林讓
野口龜次
田中嘉助
大塚辰三郎
米澤晴三
長野幸太郎
岩田留楠
松原圖南
江川米次郎
宮本太助
大原利武
加藤きよう
加地藤次郎
若原眞太郎
和田秋藏
下森菊藏
朝明舎代表 末森富良
樋下田仙藏
林幸三郎
森之
藤田卯三郎

加藤鶴松
太駄吉男
綱田岩吉
佐藤石松
中山虎喜
山口新三郎
吉村良太
大屋洋服店
古賀庄次郎
後藤相吉
上田惠亮
中島龜次郎
宮本彦左衞門
重藤直吉
木原蒔三

矢部與太郎
西田アサ
扇　弘一
隅谷重一
井上履物店
金田清次郎
神吉信夫
淺見助太郎
富田吉夫
澤井兵松
高橋榮吉
延命大外
檜崎都惟
越田彌三郎
松永大吉郎

伊藤東策
石田兼五郎
長野忠左衞門
河野藤登
前川隆藏
林　國松
松浦作次郎
津村益太郎
高橋千代吉
山口敬身
井上　收
岡本三郎
山本勝三
應武彌四郎
金田理一

藤村孫槌
齊藤逸子
岡和田芳郎
大原正藏
土屋洋食器店
佐々江音吉
宮崎嘉代
山本淨次
中河原重吉
服部庄太郎
藤田長太郎
伊藤高行
岡　重富
宮崎國夫
江見克己

三浦文次郎
長曾我部基
藤野富次郎
山陽　軒
中村榮一
ホンマチバー
井本眞一
三浦壽八
上野　孝
長谷川與一郎
森本重太郎
高富兼吉
菊田　眞
松浦齊生
田中半四郎

出木靜一
松本印刷所
今井喜作
山本牧之助
櫻谷與作
松田澤六
井川幸太郎
門田瀧二郎
水口隆三
平井　寬
柳田文治郎
岩見岩吉
鹽谷政治郎
寶諸彌七
安在義明

安念庄太郎
福田九一
間島梅吉
光武　新
末重　種
小寺藤之助
山本新作
藤田春苗
弘中商會
光延丈成
金丸幸七
神藤榮次郎
栗本正隆
迫田商店
奥川安治郎

三協商會
岩田虎吉
橋田菊一
川津玉留
藤川商店
山岸爲次郎
西田定吉
協同組出張所
林　安平
森　久兵衛
京城製油所
光野佐助
登島　亮
田中新作
辰己商店

重村義一
長谷川アキ
物江一志
田中政吉
西村常七
景山　定
坂　茂三郎
信和鑄物工場
新田品五郎
京谷龜太郎
成清武男
吉田與三次郎
中村慶藏
木村こよ
井上文作

松下惣五郎
横井ゑげ
山田鶴次郎
寺本福太郎
山川文三郎
金杉清次郎
尾崎勝三郎
土生辰三郎
藤井セン
栗本房廣
ライオン自動車商會
猫沖音吉
山崎廣龜
名越守三
西尾四良

角野源次郎
丸毛サダ
桑田禎三
合木　要
渡邊儀一
廣瀨　實
輝松商會
飯野トメ
多保敬正
藤田　昌
花田重雄
林　ユキ
池田賢吾
富田　元
大竹藤一

鶴田幸雄
妻木義雄
重富ユクノ
掛谷千仭
前川重春
小出常市
島田菅二
瓜田杏四郎
奥園製飴合資會社
富士りか
酒井喜之助
加藤　要
石橋榮治郎
海田伊太郎
龍山廉賣市場

加藤勝美
早川鐵五郎
遠藤重哲
早崎源五郎
粕山夏野
末廣清吉
大辻己年
大同殖產株式會社
安東挽材株式會社
李淩福
金淳悅
韓公錫
金星斗
李海明
李琦

法華津土太郎
大畠常次郎
桂田安次郎
掛場定吉
黑見寬二
玉名友彥
織田正一
株式會社肥前商店京城出張所
京城殖產株式會
任餘亨
李範泰
崔載鶴
洪宅柱
吳圭三
林仁淳

永田英三
門田房太郎
佐々木仁
森本與四郎
伊藤重三郎
成田央介
岩見乙松
朝鮮勸農信託株式會社
合資會社朝鮮工作所
姜渭方
崔南基
金尙沃
吳榮淳
李春協
李宗敏

山田長松
山岡龜太郎
近藤確郎
關根定平
渡邊純
中井久左右
中村金藏
富田商會京城出張所
孫景三
孫秀峰
車錫喜
宋鎭憲
崔文三
姜熙文
趙尙琦

李文星
韓鎭瀅
李進雨
金一善
金俊植
吳禎煥
崔鍾南
高圭復
崔台根
車永薰
安鉉
李容璿
周熙高
高昌漢
眞弼泳
李基煥
林保
東祥記
申松
金春慶
李寬植
金相閏
曲洞食堂
金正熙
元容旭
金秉愚
金東澈
李集仟
公安號
三成泰合資會社 李盛園
金學根
朴興植
半島ゴム工業所
林在元
朴大鉉
朝鮮語研究會
朴準鎬
保坂久松
河村新次郎
草野汎
洪鳳植
洪淳珠
李漢秀
尹寬赫
安錫永
鄭熙燦

一金八圓之部

關口聰
井芹正
葛西貫一
松岡脩三
藤本脩三
小倉孝三
得能繁男
立岩巖

辻　　薫重
福永鴻介
小河弘道
田邊　正
兼安鱗太郎
高橋　敏
淺山暸夫
尾崎史郎
武田庸二
小高淳三
松崎嘉雄
梅谷與三郎
奥山仙三
横山藤三郎
池神重政

須藤信治
村山釀造
福島儀太郎
甲木牧夫
加藤廉平
西本計三
青山豊次
李　範昇
山根　讓
河田市也
新貝　肇
三木清一
藤本源市
宮島貞吉
深川勝一

室田武隣
三浦斧吉
西川九藏
近藤英三
車田　篤
松崎暢道
宇治川渉
宮原武五郎
森　義信
中川銀三郎
山根貞一
吉村　傳
高橋源六
江島　清
福見貞治

高橋濱吉
武田左喜太郎
市村　定
西原峯次郎
朴　泳孝
唐澤信一
八柳利三
内田鯤五郎
近藤昇一
大賀文喜
布村政次郎
多田隆吉
加々見鐵太郎
佐瀬武雄
宮原秀輔

關田源太郎　閔丙奭　高義敬　權重顯
李允用　趙義聞　玄櫶　柏木三郎

一金七圓五拾錢之部

山田萬作　鈴木茂　山口友造　松下三雄

一金七圓之部

平林健次郎　畠山芳松　根本成道　中野俊助
五井節藏　荻昌德　金子秀顯　小松博

一金六圓之部

金炳基　全月成　金京

一金五圓之部

大塚英一　脇田幸治　原田熊夫　西村格
中川與市　坪川英士　廣田伊三郎　高田德太郎
青木義雄　佐々良雄　角本佐一　村松又助
北村仙　五艘三郎　大島邦三郎　山本平三
竹村義忠　池田與三郎　片山嘉一　於保吉次

上山京助
大野市次郎
村島長二
向田喜三郎
梶本國松
新　治夫
津秋延一
奥　貞助
的野恒太郎
飯尾耕平
近藤彌太郎
平井愛之助
今坂隆保
有田榮太郎
瀧本洋服店

藤崎新吉
高谷寅吉
森井忠彥
秋田春藏
永井直藏
岡　敬治
田中量三
佐藤傳市
巴屋洋服店
仲川龜次郎
向島與七
新　更科
植木芳松
三原初次郎
寶井熊次郎

佐藤磯次郎
右田市五郎
田村藤太郎
川上豊藏
仲谷右平次
福島次平
青山重吉
川部智資
西村忠次郎
武永梅吉
小室支店
北村勝美
池田一郎
森元森治
大倘洋行

福田次郎
奥　彌佐
山邊勇輔
長島秀次
松島　孝
吉岡一作
奥山六三郎
松　村屋
水江友次郎
岩野岩五郎
岡野洋品店
吉松正嘉
新谷泰藏
森下博夫
崎山仁快藥房

駒井猛熊
沼田美慈
渡邊信三
土出松右衛門
野津集文堂
上田源松
藤田幸二郎
河手仲藏
中本政夫
內藤　竹
外　圭三
梅輪　清
井手與平
松村正彥
中村仙太郎

西村元雄
新井貞之助
森川長四郎
竹內陽太郎
國友相兼
齊藤　榮
林田松雄
近藤　徹
中村長吉
島谷秀三郎
山下熊廣
鹽澤鉦太郎
白井外之
山川雅次郎
和田治平

金原良助
三藤熊市
森野勘治
山本フジ
田村粂太郎
日下部商店
太田喜太郎
田島辰次郎
中島鹿治郎
廣瀨茂平
伊藤商會
內藤鍾吾
林　彈三
林田力松
篠原啓一

瀧川喜一
福田謙治
曾羽幸三
今田屋平五郎
岩淵精次郎
前　國宗
田村里美
宮館貞一
松岡誠吉
正道善吉
原　友一
井上　堯
川崎儀助
中谷稔藏
前田淺市

佐藤信一
治田利憲
芳賀政吉
中谷久吉
大畠治秀
横山清彦
古田正信
碓井忠平
内海幹一
田村龜太郎
增淵六之亟
角井文藏
小山田半次郎
中川悟郎
足立庄太郎

龍楫增藏
中津川源吉
吉岡三浦
山本喜太郎
松平勝彦
瀨尾源藏
勝呂正吾
黑川政太郎
山本種季
三島小六
植村平藏
大場景一
池田吉太郎
天日字平
本内文藏

岩田千春
浦上眞一
湯淺辨次郎
海老原侃
梶岡武一
加藤林作
添田繁夫
島村新兵衛
岡　衛治
中原米作
藤川重弘
河瀨　脩
市山三次
伊藤與之輔
鍛冶千助本店

鶴見愛治
石丸齊一
脇田仁助
松下彌助
佐藤新大
安田慶淳
近澤健藏
島　隆介
木野崎吉郎
須崎清七
市東邦三
島崎末平
森田善藏
牟田口利彦
森田富士太郎

堀司馬太郎
大竹國三郎
濱田良助
管野藤之助
林鎌治郎
近江洋行
千代田仁潮
兒玉元樹
中川虎太郎
坂倉勇次郎
北村市治
横山彌三
布野又一
高橋幾太郎
福海軒本店

香山桃坪
赤根谷友三郎
圓城章太郎
辻喜万太
片岡龜次郎
高井兵三郎
森忠一郎
毛利泰八
山本貞雄
本山一彥
廣池敏彥
有井清一
日比野松次郎
加藤喜三郎
中島貞幹

河野樹八郎
荒巻太郎
中村光輔
神谷三國
安藤金十郎
石井市重郎
佐々木安之助
姫野金次郎
上原直一
渡邊米吉
土居寛暢
岩崎啓六
森田喜太郎
井上道
宮川傳吉

片山實藏
今岡熊之助
伊藤與三郎
金子清藏
松本豊次
中込榮藏
三浦仲助
深堀元市
小方藤吉
檜尾武平
上部幸藏
立見長吉
平岡政次郎
清水堂支店
岡田常太郎

町田長作
鎌田龜次郎
鬼塚久三郎
雨谷　熙
河合米吉
荒木榮次郎
庄司秀雄
松橋喜代治
麻生武龜
吉武　茂
山口繁雄
西堀カク
合資會社ペイント工社
藤井清次郎
大南倉庫

竹居宇八
姉川嘉孝
安藤直次郎
正春鑛二郎
御牧清勤
齋藤助治
近藤途市
井上　智
和久正志
新井七平
田中辰次郎
淺川鈴尾
緒方壽德
土井直三郎
佐藤嘉十

川口市之助
堀田德次郎
下林貞一
山本德太郎
高尾甚藏
渡邊業志
福田嘉助
田坂園一
日比善次郎
北谷松三郎
山田甚太郎
佐中萬藏
原清太郎
星野正次郎
吉川金寶堂

野村利人商店
足立孝一
河村眞二
南　政藏
井上琢磨
藤江峅一
葛城末治
中村喜行
大山時雄
常廣春道齊
秋岡宇平
富三屋帽子店
伊藤谷五郎
今古賀米吉
坂田　貢

鈴木クニ
竹原義貴
大石南山
坂井秀吉
伊藤孫右衛門
山内末吉
友田大吉
足立泰祐
金子書店
國好正
井上卯三郎
今井隆次郎
國分重慶
工藤一致
三浦文六

西田精一
伊藤夏吉
小澤峰之
高井龜次郎
宮野博
矢吹ヨシ
東鐵次郎
岩井康平
物部強助
仁科銀三郎
坂本治作
三戸喜助
栗木榮次郎
佐藤憲彰
大熊助夫

森育造
高月神龍
大久保鶴松
山里セイ
八木權十郎
高取正夫
石田商店
小西國太郎
高田九一
林泰治
桐野宗治
中村芳太郎
知覽芳之助
山本榮吉
大本龍生

岸田定四郎
大島淺次郎
木下淺太郎
小出文六
野々村勇次郎
高橋商店
滿蒙商會
喜登七郎
樹村竹二
小林尚古
伊東良祐
新山増吉
石井繁次郎
勝田友太郎
宍戸進藏

長屋長右衛門
田中剛
植木由松
荒木長八
山本陽藏
大谷久藏
大石專三
瀧川一江
角田江三郎
吉田玄一
吉田源一郎
別府コト
井村秀太郎
中村傳次郎
馬場武一

東亞倶樂部
杉市郎平
中川林造
大塚關太郎
京城組
保木森之助
梅津順次郎
齋藤勝治郎
藤田良八
井上秀男
向井僧一
太田紹男
馬場タキ
上木清助
小林靴店

中川次三郎
祐川宇吉
石原清熙
市原治馬
森本榮松
永田久治
中島晴石
杉浦榮松
古谷小谷之助
眞鍋頼次
秦清次郎
西村元
増田喜馬太郎
田島フジエ
岩本祐造

友田佐太郎
小蒲喜雄
田中性實
杉山忠平
高田太一郎
生田松太郎
木村駒次郎
遠藤フサ
中村文吉
中村金七
土田兼光
荒井外次郎
中田清一
松田一郎
多治比いち

奥津鐵也
中島徳藏
大脇信義
眞繼政男
佐藤　勝
吉村浮之進
安田疊店
赤澤達之助
山田留吉
尾山直治
淺川峯代
たまや　京染店
式見小一郎
國松彌太郎
柳屋八郎

山田徳治
庄司清五郎
森田桂太郎
松浦幸市
木村幸三郎
細田茂平
大坪健次
カフエーモダン
奥田徳三郎
大山一夫
平林純一
齋藤小間物店
小高榮三郎
中村義太郎
東京堂書店

倉橋嘉市
平田正人
浦田百三
浦尾房一
宮崎新助
松田太治郎
村地虎次郎
中村富士松
松本爲一
松島小次郎
若生松太郎
吉岡角造
永田林一
瀨野馬熊
だるま堂

池田專太郎
野澤清松
寺村　定
竹内錄之助
鈴木芳太郎
山野忠一
黑田　榮
岡田清藏
久保田音五郎
吉澤儀助
三上　豊
戸田安治郎
金本萬太郎
佐藤卓二
竹下蜜三郎

奴　　　堂
日章堂 時計店
中川風月堂
永榮佐四郎
大橋質店
吉原常吉
鈴木仁吉
後藤嘉吉郎
渡邊重吉
田口佐久馬
泉本正男
阿部　勝
越田常太郎
前野正平
畠山銀藏

中村九藏
島崎陶器店
アサヒ商店
磯野氏高
谷口桂市
本町寫眞館
松岡康喜
加藤格四郎
木下嘉六
小池賢司
新井六一
保田捨三
櫻島丈次郎
田中常次郎
藤本省三

磯貝武次
樋口幸三
川合治太郎
石津商店
宇野虎三
秋山岩吉
吉岡衣服店
竹市六三郎
三島虎吉
松浦武夫
高橋富藏
大橋庄太郎
橋爪彥平
河口萬藏
上村喜七

綱島茂市
木佐新藏
渡邊甲斐絹店
荒木　氏
松本吉太郎
矢野長治
村松利久
倉田敏助
馬淵德三郎
今本義胤
琉球屋商店
柳本傳助
梅津廣介
奥山次郎
吹野　操

木村泰介
藤野玄三
中崎茂三
谷本傳次郎
門司立志
栗田鐵吉
中村德次
金山廣吉
有留麻熊
佐藤小五郎
安達久次郎
本多基隆
大石貞七
釜野金三郎
杉本砌一

篠田寛平
吉澤謙太郎
山崎榮喜造
内田繁松
藤屋紀一
赤崎參輔
鹽谷卯一
鳥居精三郎
鹿住榮八
岩崎壙
一番ヶ瀬慶次郎
羽多野九洲男
曾我商店
石井彰
古市一義

水田莊一
櫻井瀧之亟
高宇知清次郎
坂田半四郎
志和柳平
阿部昌次
小西ミナ
住友三四郎
燕木清三郎
石村舜
山本兼三郎
片山信夫
關理三
高橋義市
池尻林太郎

芦川喬木
吉田得次
小田勇吉
福地鐵三郎
中崎作郎
浦尾三四郎
金田佐一郎
田部峯之助
ツルヤ食器店
ヨ商店
馬渡健太郎
森下三九郎
竹邑正助
松村幸夫
兒玉淺吉

鳥野岩吉
飯田和吉
大塚 榮
佐々木松夫
上野和夫
矢﨑信重
弘中龜次郎
安東貞一郎
田中淺次郎
川端藤資
佐伯國治
山形靜智
谷口長一郎
德山虎喜
內藤正二

近藤梅三郎
田中ツギ
森川米吉
大下菊次
田飼軍治
宮地高取
高山資清
西野伊勢松
川瀨幸一
扇田 豊
壹岐幸藏
石堂雋一
中村秀次
二瓶 久
相川彥市

大西恭之
吉岡 勇
鹽井鹿之助
江藤音三郎
大倉琴二
川本隆二
金川淸助
木本寅松
永松五策
松島吉太郎
吉村謙一郎
原 振緖
横瀨善次
村松宗次
福原帽子店

黑田福松
白根德太郎
原口淳男
山本與吉郎
村田德一
稻垣友三郎
大﨑英三郎
田端商店
長谷川憲祐
齋藤幸太郎
大山岩雄
戶田長次
西村幸吉
加藤長太郎
北島尙勇

江里口義一
朝日樂器店
高井貞治
三宅喜代治
陣内儀作
中原儀平
陶山粂太郎
小島光太郎
藤井文太郎
岡島貞治
吉川義弘
鍛治伊三郎
內田與平
黑田清七
三井助四郎

越智清甥
杉田吉太郎
占部喜作
津田雅八
原田即
奧村杉之助
小林尙一
廣瀨弘太郎
柴田佐吉
津村繁彌
西松育次
大沼事
三好野
立本宗太郎
井上義勇

遠藤扶治郎
井上治作
國岡元吉
漆原須和子
能野芳祐
大村文三郎
安本卯市
吉松竹三
金上幸三郎
佐野仁作
川浪清三郎
中村博
山本正誠
三好守治
片山源語

小野又四郎
河合忠吉
澁谷由兵衛
鈴木隆吉
中村力造
吉川藤四郎
內田銓藏
大村正雄
井科紋次郎
田中芳人
丸岡文次
東京庵
松尾保次郎
渡植彥太郎
篠崎龍太郎

淺野忠美
高橋千代治
原田晋作
荻原圓藏
兵頭　儁
安部修三
伊達重吉
石原俊雄
花房鹿之助
植田常藏
青木喜一郎
西村要三
木村幹太郎
小島見一
河合幸八

中山米太郎
山本　仁
田代勝次
桑田誠之
河村雅亮
横山朝雄
和田繁右衛門
坂本嘉一
船山忠三郎
相良辰五郎
澤入愛助
松浪忠藏
生駒春介
中尾　德
伊藤榮次

笹木彌七
中津忠吉
井坂圭一良
山本近信
桑原直俊
渡邊　彰
前田茂助
丹下兼助
鶯海元則
岩佐彥二
金子倉松
黑川熊次郎
小林俊雄
住友利右衛門
鶴谷伊三郎

櫻井眞治
眞田吉之助
森山清光
鄭　僑源
後藤佐吉
林　誠
阿部虎之助
杉山茂一
鈴木眞齊
安部隼人
桑原貫一
西岡芳次郎
宮藤音五郎
金　海園
北薗チカ子

吉池四郎
朝山英夫
奥野　明
三浦彌十郎
稲井秀左衛門
小川敬吉
李　昌根
小平亮二
高濱　保
石本若松
三代信義
佐野國吉
白水庄吉
中島多一
芝崎志賀

倉地德市
宮重嘉一
戸川　武
高野直三
築山　康
小金丸汎愛
山崎六郎
出口勇吉
加賀谷金之助
奥川トメ
名子仁三郎
大塚熊七
清水嘉七
田中　求
村田敏亮

窪田英吉
小倉トメ
吉田彥八
鹽田正洪
志賀　融
菅原喜祿
岩淵修平
上坪富士松
田中十藏
岸達之助
石松千代三郎
畠田又助
帆玉フサ子
杉山兼吉
上田兵三郎

永井伊之助
橋本治作
河田友太郎
倉原　新
手塚吉次郎
素木卓二
太田　修
大原林次郎
碓井太一郎
村上鑄物工場
岡成登七
內田繁由
井上禎之助
福井ユキ
永井爲之助

生田鐵藏
朝鮮加工紙商社
蒲原久四郎
辻卯之助
五十川敏夫
守屋武夫
金子精
小口弘
三島行義
鈴木英三郎
尼子助太郎
小淵佐八
勝尾文治郎
平田大吉
入江靖之助

岡田卯三郎
都筑康二
西菊馬
伴一男
小倉久吉
繩田シゲ
古賀喜市
中川淺次郎
藤井與一
和田鐵工場
今井修一
上野進一郎
中西千吉
吉村偉秀
姫野定九郎

東山芳彌
妹尾豊次郎
加藤吾市
堀田治良吉
馬木幸三郎
菅原篤三郎
矢澤幸太郎
西村利平
天原松治
蓮玉支店
村谷良一
廣綱德太郎
多々見五郎
檜和田勇助
安藤静

中央亭
齋藤藤三郎
三代キヌ
宮崎繁十
松木節郎
江口彌八
中村市松
前野ツヤ
松井平之進
甲本郡治
前川豊次郎
玉井運平
兒玉太市
吉坂千代藏
清水源一郎

池　清
松澤賴吉
山口瀧造
池上要吉
八木朔一
秀島周次
上野清次
高松順茂
祁答院規矩雄
末永虎熊
粟屋　潔
池田喜代登
水元重文
大西平吉
山本繁次郎

小岩鐵彌
龜田周一
山本安吉
所司百老
松浦量吉
小林寉一
山岸直次
加藤俊茂
岩塚常三郎
稻村英胤
小城文八
田村光太郎
有元正義
梅田吉郎
磯貝兼一

眞木忠太
土井重太治郎
篠澤武夫
田代仲次郎
河野通俊
江頭矩一
崎山　信
神谷憲行
松本兵市
小原貞俊
柴田孝三
森田省三
秋富眞太郎
田邊宗次
北澤　茂

大舘長次郎
田中吉次郎
天野　清
淺川義勇
黑田吉夫
馬場禎造
佐久間良次
古屋虎尾
桑原重弘
中村　武
足立文伍
永井十太郎
津田常男
佐伯烈次郎
山田俊夫

池田徳司
古市進
伊吹竹次郎
草野弘
松島清
藤田米次郎
田中孫一
深井庄吉
藤川丹藏
山下秀樹
渡部昇
姜哲模
森浦藤郎
宮元庄藏
酒井謙治郎

田口默翁
田坂勘吾
森武彥
下飯坂元
朝倉昇
土門寅造
進藤爲次郎
山下良右衛門
出田重太郎
植山健藏
江藤逸夫
高橋隆二
藤野愛泉
白允和
眞野富太郎

宇都宮清綱
吉本一男
村林堪作
松井精二郎
大草鶴之進
宮川穗波
李源甫
岡田榮
曾我勉
松前謙助
元橋曉太郎
戸田常次
石川莊四郎
小野勝太郎
長谷川憲治

大可賀有爲
大村綱藏
松本新三郎
福田英夫
大橋商店
椋橋八十吉
鈴木友厚
佐伯多助
李明燮
具滋觀
脇鐵一
加藤昇夫
中村滿三
栗山茂二
中島從盛

池田良之助
岩廣喜作
岩本運平
遠山秀道
島本愛之助
平塚龍馴
佐藤　清
花村美樹
大谷勝眞
秋葉　隆
竹井　廉
早野龍三
西原寛一
不破武雄
廣田　康

柏木男也
渡邊隆次
伊藤憲郎
中野才次郎
高木市之助
高橋　亨
小田省吾
赤松智城
泉　哲
大內武次
田保橋潔
松月秀雄
岩井誠四郎
安田幹太
上田常吉

鶴見米三郎
杉山食一
佐々木義久
林久次郎
上野直昭
宮本和吉
藤塚　鄰
速水　滉
黑田　亮
清宮四郎
田花爲雄
船田亨二
松岡修太郎
高楠　榮
久保喜代二

垣下小一郎
梅田宗二郎
多村淺太郎
山口吸一
松本重彥
安倍能成
小倉進平
今西　龍
金子光介
志賀　潔
山田文雄
津曲藏之亟
內藤吉之助
德光美福
杉原德行

小林晴治郎
佐藤武雄
大塚藤吉
篠崎哲四郎
近藤時司
尾島鷹市
齋藤清
多田正知
阿部欣二
石川寛二
岩槻善之
本明卯平
成松綠
小岩勇
林原憲貞

中西政周
綿引朝光
小杉虎一
今村豊
藤井秋夫
名越那珂次郎
森為三
荒内眞佐治
紅露文平
石川留次郎
村中耕作
內藤資忠
大渡清次
原田商會
佐藤作郎

伊藤正義
小川蕃
松井權平
戒能義重
平咲良藏
兒玉才三
山邊曉之
福富一郎
三橋榮助
坂部重武
佐藤殖
武內保治
中島三郎
鉅鹿曉太郎
今井修二

津崎孝道
小林靜雄
大澤勝
黑田幹一
竹中要
小西英一
橫山將三郎
津田榮
手島顯二
日南田義治
福井常次郎
關谷長之助
早川丈平
岩田定雄
安藤謙三

江口寛治
古賀亮一
楠信一
妹尾正態
横山康
前原肇
合資會社朝鮮葬儀社
植山仲次郎
矢野官一
邱世業
司子明
王宗仁
李起元
申淑永
裵甲均

百瀬波雄
星野米藏
轟謙次郎
古川敬介
稲田末藏
村瀬大一郎
青木三
合資會社鶏林自働車代表 天本喜六
安田益太郎
朴容卿
孔輯五
徐桐崗
張基豊
田炯振
朴承珉

園田重俊
寺田重司
吉松幸次
森篤次郎
河浪惣助
藤本治兵衛
鄭熙悳
佐藤信一
朝鮮燃料會社
金淳弼
徐庸熙
洪鵷杓
陳世庸
韓相億
安琦善

田邊多聞
內藤眞治
宮內大三郎
沼波福松
朝鮮酸素合資會社代表 香川守行
松根熊吉
執行梅吉
行德燁受
朝鮮綿花株式會社 京城出張所
朴基容
金泰璇
鄭鎰溶
孟玄愚
李度翼
李愚冕

林昌洙
玄百運
朱善翼
李時化
金在珣
趙亨植
金秉會
池錫永
金奎興
朴世榮
趙重植
吳斗善
方賢植
金思元
徐丙基
姜浩均

李世範
柳萬燁
崔石烈
禹箕煥
趙希淑
李愚昇
申興淑
辛夬集
朴弘鎭
徐廷旭
金鎭憲
宋在昕
徐基鎬
金貞淑
金思鳳
朴景玉

宋彥用
李錫澄
柳鍾秀
安泰承
金冕朝
朴基駿
崔相鎬
成興慶
金圭鎭
延　俊
文穩圭
李德珪
尹鑢求
鄭采化
高義天
金慶水

千年孝信稷
閔泳鐵
金容聖
李建春
曺世永
金敬淳
朴基鵬
金友性
尙　灝
洪基賢
安錠遠
皮相德
金載聲
李承烈
金琯洙
鄭九鉉

郭鎭卿
李翔儀
朴庚煥
金榮德
權重旭
李完根
車善明
金演相
林尙均
明源鎭
高　喆
金希俊
白斗鏞
趙東欽
金泰源

朴致和
韓鎭弼
徐相喜
李仁煥
鄭大溶
姜　鎬
李斗卿
金演斗
李昌奎
嚴澔永
朱寅植
李淳命
崔翼亨
金雲龍
尹治衡

嚴翼峻
徐相鸞
池德鎬
全根成
李仲玉
安奉鎬
崔尙默
金仁奎
金相彥
鄭喆永
朱榮鎭
崔萬植
金龍珠
金東奎
閔　橿

金泰潤
張熙元
金龍洙
姜在煥
宋奉潤
秦漢得
李春根
尹秉諟
陸鍾寬
李命遠
羅商賢
田榮鎭
朴允煥
金晉泰
李光烈

金正植
趙萬濟
金永杓
洪在昌
東洋樓
鄭相燁
張基衡
朴在淳
韓文玉
李晶來
金景集
李鍾源
全在鶴
金永斗
崔翊杜

鄭善謨
河影圖
李重樂
任冕宰
柳敬鉉
柳楝秀
金昌厚
尹天淑
林化潤
盧天錫
朴莊赫
金鎭煥
申憓求
朴承夔
俞鎭泰

黃義睦
鄭來源
柳台錫
李澈浩
方鍾翊
申載萬
高羲稷
金松本
浪承杓
崔宗鎬
朱榮運
具滋爀
劉　銓
金貞熙
金聲根

朴泳泰
朴明完
安鎬瑩
安一英
鄭永吉
金天祐
李圭完
洪鍾元
鄭光國
金景集
吉鎭玉
李重永
金天祐
金用珠
邊翊柱

金千習
宋晩植
姜泰爀
呉基永
趙東熙
李聖九
姜元燮
二昌精米所
金汝壽
韓應福
金德中
金學權
金昌植
黃台淵
宋漢奎

兪瑾濬
金東翰
柳正烈
李基善
李載俊
咸承杓
李重宣
李承基
李起鍾
元胤洙
李鍾漢
南興植
黃鍾奭
韓潤鉉
趙鼎漢

孫漢鳳
尹壽容
金東允
李在成
李昌淑
安培根
呉世章
金德濟
金憲培
鄭文三
趙貞植
孫春植
張永德
高應元
李世榮

金宙澤
崔永洛
鄭禧朝
洪在根
片璿九
黃　澳
金東晃
權道植
金義三
金萬春
任景俊
金浩植
金元泰
李醺雨
金弼錫

姜昇熙
朴俊基
趙永基
廉仲模
吳允泳
崔翊煥
安雲基
李能和
禹潤基
崔承穆
李聖基
李章魯
金文昌
李起中
劉尚熙

鄭泰云
方台榮
金相奎
金潤晶
劉　猛
朴南基
劉應植
朴壯遠
崔台鉉
文道淑
申鴻求
朱鉉錫
孫完益
宋興根
高興謙

文孝恂
白金成
鄭壽永
金淮然
朴重陽
柳正秀
司空桓
全圭喆
趙永洙
金雲植
金敎命
朴基昶
姜義永
黃五顯
李完信

裵鎭煥
李聖昌
李鎬仁
邊德胤
張寅淳
孫永穆
張憲植
韓昌淳
李完珪
權永熙
崔在旭
金仁壽
金鐸遠
鄭　炫
李承鶴

李圭斗
權泰煥
金容益
尹景玉
張宇學
金淳泰
尹春培
金明淑
權鳳洙
朴勝敦
金元根
安光淳
徐光沛
成明信
千世用

明錫晋
韓龜鎬
金完中
浪定鎬
尹景錫
閔光植
李敬浩
蔡奎辰
李仲根
尹希誠
俞鎭河
趙應煥
韓致成
權鍾九
朴元陽

金炳憲
趙鏞元
林潤煥
趙漢偰
崔弘善
金永祐
朴麟緒
李政儀
洪在韶
梁在奎
李相慶
趙瑩根
金奉錫
姜完陸
楊弘植

鄭圭元
金益斗
朴鎬善
朴秉旭
成壽永
宋泰華
宋來憲
朱善翼
黃轍淵
金敎華
李安羅
羅翼鎭
金遠濟
孫完默
李顯奎

李德榮
金致常
李基善
朴元俊
金在坤
金善濟
崔鴻逵
申泰日
李應吾
洪淑子
金泰燮
永昌고무商會
兪鎭明
崔品源
李喜眞

李康爀
曺七星
千俊弘
閔泳一
李永運
金炫鎬
黃在東
宋在星
羅容均
朴亨祐
洪 憙
李思弼
卞容圭
申仁玉
金昌煥

丁熙台
李元祥
李正珪
丁奎安
李熙明
金熙瓊
朴明植
金宜東
申種均
眞聖根
申政均
白善養
朴海默
金永萬
崔象鎭

趙永春
李周龍
趙圭錫
李應均
李守敬
金應漢
李興國
朴時陽
朴潤秉
秋珍鎬
金夏鼎
李友信
崔龍成
金完俊
李喜鍾

李昌植
高貞厚
金明煥
兪鎭億
韓宗潤
金容元
李厚鄕
李載馨
金弘琯
高丁得
崔斗善
洪鍾翊
金漢箕
劉景鍾
金淳元

李熙碩
田春載
金應鎭
金車縉
吳斗善
金鳳源
朴喜榮
張斗煥
韓澤善
朴俊浩
梁昌鉉
崔昌善
金鎭覺
李悳永
崔成淵

朴受定
朴永春
李汝長
李榮子
金東遠
許焼
權景玉
李河用
李觀音行
金仁基
安鏡璧
李容漢
金圭欽
朴海遠
朴義秉

裵東葉
金中元
李彰徽
沈相直
張永相
金永根
李敦義
李源翊
李光鐘
朴昌義
張仁浣
金聖萬
孫相泰
李允熙
朴景善

朴基源
徐相旭
李應燮
李裕應
崔相玉
金亨植
李周賢
金泰鎭
玉聖瑞
睦勳相
李輔相
黃奉德
鄭漢澧
劉時㷓
李潤柱

張萬餘
金俊培
德順樓
白雲龍
鄭熙宣
李昌洙
文永昇
李泰鉉
崔應煥
朱英子
兪珏兼
金音全
朴瑢基
呉琮根
羅信學

趙長壽
朴德仁
張化植
崔錫斗
金弘琩
朴毅陽
金尙烈
李在瑜
崔時俊
崔淳榮
韓聖振
李一
劉文煥
金召史
元般常

李鴻默
安奎煥
許燮
劉泰健
洪翼杓
李重益
崔鵬
朴顯植
李榮煥
劉成圭
鄭大鉉
申德敬
金善卿
洪永杓
朴魯勳

朴喆熙
孫聖武
朴容南
梁喜錫
廉相勳
金顯國
金麗沃
姜榮喆
崔永俊
金斗煥
朴永祚
崔宗鎬
朴勝觀
金汝根
金聲圭

趙聖鎬
崔泰雲
金昌燁
鄭錫泰
申云浩
尹致昇
李鍾浩
金貴童
林連根
郭翰鎔
徐相鶴
吳亨根
林景來
李宗載
宋弼秀

魚熙淳
金鴻基
金秉德
張斗植
胡明熾
李鼎奭
李眞培
洪箕周
金萬經
金熙贊
李鳳和
白春植
金顯翼
劉海鍾
文齋昌

金喜洙
金世葛
張二鳳
朴健鎬
朴濬鎔
金淳志
金溶璨
黃倫根
高弼權
南淮鎭
鄭鎭業
崔明根
金振鏞
吳漢根
鄭泰應

李胃容
吳昌成
李德鏐
金錫奎
金昌雲
鄭榮斗
金仁淳
崔鍾煥
陰在俊
朱正煥
表弘根
韓喬
李秉岐
李愚稷
金鎭永

朴鍾燁
沈珪燮
高一權
金允植
尹錫弼
張聖模
李世九
金泰和
金聖睦
怡泰拭
鄭淳參
朴鼎喜
鄭泰鎭
李鍾星
金允鎭

崔炳哲
鄭錫好
李恒植
趙順浩
金東完
咸錫泰
金大吉
朴鍾燁
朴格欽
韓辰範
全春植
崔負光明
趙昌奎
趙龍辰
具永淑

崔善弘
李庚鳳
嚴允燮
盧益煥
宋昌源
裵興仁
朴寬植
李奎完
鄭起燮
李仁永
張膺震
朴敬祚
金順基
卞相玉
金永煥

安在鴻
李明三
梁東洙
高德相
金昌奎
孫相薰
孫大潤
李宅珪
咸興成
朴容來
愼鏞寅
李鍾九
徐基鎬
吳今成
金秉葵

姜信膺
尹珪善
姜文熙
韓百熙
吳厚錫
梁垠汝
元光晋
李暐應
鄭元和
金榮洙
閔丙瑗
玄公廉
朴承元
黃龍植
全圭復

李周淵
孫熙城
金俊明
金貞淑
鄭熙斗
朴箕陽
姜世馨
朴雲明
鄭康和
金昌植
李明煥
李元一
金昌斗
洪寅基
林俊灃

李用善
崔鳳植
金明淳
權泰立
李益洙
金振玉
鄭性根
李明植
尹泰憲
金炯華
梁大順
禹顯稷
成鳳寅
閔晶植
吳榮根

金泳奎　柳元次　徐正錫　金明植
金相卨　曹秉相　洪鍾觀　高永斌
姜漢敏　李丙翼　李奎鍾　朱德淳
坂西力孝　黃慶漢　鄭天謨　岩田次郎
禹泰亨　谷川永吉　鈴木辦吉　相澤善治
藤田爲興

合計金參拾四萬四千九百參拾貳圓參拾錢也　人員參千五百七拾六人

會員別表

會員	人員	金額
名譽會員	一一人	一四九、〇〇〇、〇〇円
有功會員	四四人	七七、一四〇、〇〇
特別會員	一九二人	五五、二〇〇、〇〇
賛助會員	五五五人	四〇、九〇八、三〇
正會員	二、七七四人	二二、六八四、〇〇
計	三、五七六人	三四四、九三二、三〇

附録

演藝館餘興

本券番

出演者

踊

輝千代　富榮　百葉　千花　丸若
八重菊　小丸　小雛　桃彌　小久
君太郎　美代八　丸香　雛菊　金丸
丸太郎　秀菊　愛太郎　歌丸　丸葉
福若　光豆　久松　菊次　榮三
小太郎　力丸　色香　芳三　小七三

別踊

一若　七五三若　多美鶴　若丸　光若
鶴喜代

唄

小染　喜多次　その次　小喜多　多美次
市香　百千代　千代子　多滿吉　君勇
久子　三孝　龍子　松兵衛　梅次

朝鮮十景

秀治
小奴
駒友

三味線

〆太
丸子
濱次
若松
要
百作
繁葉
多美菊
千駒
日出勇
玉代
福千代
多満次
ゆか菊
次郎
多津次
芳奴
三助
三郎
小勝

鳴物

笛　一琴
百一
小鼓　久丸
大鼓　政子
百幸
多美若
一まん
多美一
與太郎
二三若

後見

多美
菊光
福助
百太
小六
千代香
丸
丸

作歌　中内蝶二
作曲　杵屋佐吉
振付　若柳吉藏
鳴物　梅屋金太郎
背景　前田甚太郎
衣裳　三越

一　釜山埠頭日の出

〽ふねの、空一色にあけそめて、波静かなる海原や

〽わたる船路ものどかにて、浮絵見ゆる真帆片帆、

煙(けむり)たなびく黒(くろ)い船(ふね)も、大船(おほぶね)小(こ)舟(ぶね)打(う)ち群(む)れて、つゞく釜山(ふさん)の湊(みなと)入(い)り

二　朝鮮(てうせん)神宮(じんぐう)の夏(なつ)の暁(あかつき)

〽ゆるぎなき、国(くに)の鎮(しづ)めの

二六八

宮柱(みやばしら)太(ふと)しく立(た)てる大鳥(おほとり)
居(ゐ)、仰(あふ)げば高(たか)き石段(いしだん)を、露(つゆ)
の干(ひ)ぬ間(ま)の朝詣(あさまう)で、御稜威(みいづ)
かしこき、瑞籬(みづがき)よ、襟(えり)を正(ただ)して
をろがめば、心(こころ)すゞしき、暁(あかつき)の

風のおとまでも爽やかな

三　義州統軍亭の遠望

鴨緑江の岸辺の丘に咲き
出でし、やまとごころの桜花、

開(ひら)くも散(ち)るもいさぎよき、つは
もの共(ども)が夢(ゆめ)の跡(あと)、北(きた)の境(さかひ)を
見(み)はるかすとうだんていの朝(あさ)ぼら
け、霞(かすみ)晴(は)れゆく大川(おほかは)に流(なが)す
筏(いかだ)のゆた〳〵と

四　仁川月尾島の宵月（じんせんげつびとうのよいづき）

浜唄
〽沖（おき）の島ゝ（しまじま）海（うみ）、のうら暮（く）れて、
帰（かへ）る帆船（はぶね）がほの〴〵と

音頭
〽島（しま）は地（ぢ）つゞき、合（あひ）乗（のり）の、自動車（くるま）

もよからゝ米（よね）まして、わたしも
おつぶ宵（よひ）闇（やみ）を、二人（ふたり）して待（ま）つ
盃（さかづき）よ、あれ月（つき）が出（で）る島（しま）の名（な）も
月（げつ）尾（び）島（たう）とはしとらしや

ヨイ〳〵ヨイ〳〵ヨイヤサ

返し

〽湯(ゆ)気(げ)あがりの欄干(おばしま)に、心(こころ)も軽(かろ)き夏衣(なつごろも)、磯(いそ)吹(ふ)く風(かぜ)になぶられて、おぼろかならんだ袖(そで)と袖(そで)、あれ月(つき)が出(で)た島(しま)の名(な)も、月尾島(げつびたう)とはちそとらしや

ヨイ〳〵ヨイ〳〵ヨイヤサ

返し

〽一(ひ)とつま汲(く)んで掬(むす)ぶ手(て)に暑(あつ)さ
忘(わす)るゝ岩(いは)清水(しみづ)、名(な)さへゆかし
き花房(はなふさ)の、井戸(ゐど)は二人(ふたり)が水鏡(みづかがみ)、
あれ月(つき)がさす島(しま)の名(な)も、月(げつ)
尾(び)島(たう)とは恋しや

ヨイ〳〵ヨイ〳〵ヨイヤサ

五　慶州佛国寺の懐古

いにしへの、新羅の都寂びたれど、ほまれ尊き佛国寺、山の岩屋のみ佛は、奇しき工が鑿の痕、塔の成る日を待ちわびて、池の藻

静(しづ)と消(き)えたりし、阿紫女(あしぢよ)が恋(こひ)
のいとしさを、聞(き)くも哀(あは)れな
物語(ものがたり)

六　平壌(へいじやう)牡丹臺(ぼたんだい)の幻想(げんさう)

「百花(くわ)の王(わう)と名(な)にしおふ、牡丹(ぼたん)よ

似(に)たる牡丹臺(ぼたんだい)、翠(みどり)浮(う)かぶ楼(たかどの)に、栄華(さかえ)をほこる廿日草(はつかぐさ)、花(はな)の粉蝶(こてふ)と身(み)を化(け)して、昔(むかし)をしのぶも懐(なつ)かしや「高麗(こま)の都(みやこ)の春(はる)闌(た)けて、まだ覚(さ)めやらぬ夢(ゆめ)

の葉、花と見まがふ乙女子の、
舞のかざしの領巾振るや、ひらり
ひらり、ひらりひら〱ひら〱、
露の情にほだされて花の色香に
慕ひ寄る蝶もひらひらひら〱

追ひつ追はれつ餘念なく、
舞ふは胡蝶の乙女子か、蝶の
乙めか、乙めか蝶のひら〳〵ひら〳〵
ひら〳〵〳〵と、共に狂ふぞ
おもしろき、

七　北漢山の雪の情景

「ゆふべの雪はしんみりと積もる静の明け方は、窓のそとのぞく北漢の、山も真白な玉の肌雑眺めてもあかぬ絹糸は、恋の重

荷(に)も我(わが)ものと、おもへば軽(かろ)き、
傘(からかさ)てと、相合(あひあひ)にさす二人(ふたり)連(づ)れ、
小褄(こづま)のからげていざさらば、雪(ゆき)
見(み)にころぶ所(ところ)まで

八　朝鮮博覧会の盛観

〽秋のナ、秋の紅葉に色こきまぜて、
今年や文化の、あの花が咲く、
あれはナ、あれは朝鮮博覧会、
ほんにサ、さうとも、さうとも

〽西(にし)のナ、西(にし)の國(くに)からやまに東(ひがし)から、
みんなみなきた、あの人(ひと)の山(やま)、
あれはナ、あれは朝鮮博覧會(てうせんはくらんくわい)、
ほんにサ、さうともさうとも

〽けふもナ、けふもあすもと
景福宮（けいふくきう）へ、
ほんに織（お）るよな、あの人（ひと）の波（なみ）、
あれはナ、あれは朝鮮博覧会（てうせんはくらんくわい）、
ほんまサ、さうとも〳〵

九　金剛山の紅葉の秋

大薩摩

夫れ奇巖怪石の景をつらね、飛瀑急湍の趣をつくして、水石戦ふ造化の工、その数一萬二千峰、繪にも歌にも及びあへぬ、金剛山の絶勝は、目さましくもまたいちじるき、紅葉の秋は殊更に、木々の梢も色づきそ、姿つくらふ山姫の、織るや錦の錦衣、腰をめぐらす竜田川の、帯も紅葉の散らし染

十　京城昌慶苑(けいじやうしやうけいゑん)の桜花(さくら)

〽昌慶(しやうけい)の、御苑(おには)の春(はる)ハ酣(たけな)はに、花(はな)より花(はな)にあくがれて、暮(く)るゝも知(し)らぬ花間(はなま)の友(とも)〽夜(よる)の眺(なが)めはまた更(さら)に風情(ふぜい)を添(そ)ふる雪洞(ぼんぼり)に、しづ心(こゝろ)

ちく散(ち)りつゝる、花(はな)の吹雪(ふぶき)を
身(み)に浴(あ)びて、舞(ま)へや歌(うた)へや花(はな)の
世(よ)の中(なか)

新町券番

出演者A組

新舞踊

百代　小鐵　駒太郎　千代菊　友奴
小蝶　玉春　一奴　小雛　小浪

ダンス

三ツ若　鈴奴　小金　吉之助　小染
千之助　琴千代　笑丸　靜子　花奴
次郎　千太郎　千二郎　若奴　町子
松千代　若菊　若丸　京奴　千代丸
花丸　ヽ丸　玉丸

唄

常吉　桃次　福助　富榮　一平
お多福　壽美三　仇助

三味線

松助　久勇　光丸　作次　百春

後見

銀鰈　喜多八

出演者B組

新舞踊

百代　一奴　若一　貞丸　千丸
小勝　百菊　園丸　富勇　鈴丸

ダンス

邑菊　富美香　次郎　京奴　若龍
浪若　輝香　久丸　小政　榮丸
妙子　音奴　綾香　若菜　靜香
千菊　玉丸　若春　力春　ぼたん
千惠子　花丸　ゝ丸

唄

若太郎　呉葉　小奴　福代　雛太郎
梅松　小力

三味線

久次　松美　千兩　秀彌　小萬

後見

喜多八　銀鰈

新町券の分

第壹景　釜山埠頭の日の出
第貳景　朝鮮神宮の納涼

第參景　義州統軍亭の遠望
第四景　仁川月尾島の宵月
第五景　慶州佛國寺の懷古
第六景　平壤牡丹臺の幻想
第七景　北漢山雪の景
第八景　朝鮮博覽會の盛景
第九景　金剛山の秋の雲
第拾景　京城昌慶苑の櫻花

朝鮮券番

出演者

李蘭香　李松鶴　李山玉　李芙蓉　李美香　李眞紅　李順玉　李弄鶴
李寶玉　李小姸　李鳳仙　李玉花　李初月　李山紅　李蓮玉　李錦水紅
李錦玉　李桂花　李花中月　李彩玉　李貞姬　李松竹　李玉仙　李楚玉
李眞鳳　李瑛月　李明淑　李鳳姬　李玉桃　李桂香　李明月　李素淡
李小紅　李柳色　李明玉　李月仙　李錦珠　李山玉　李彩蘭　李弄月

李翠玉
金山月
金錦紅
金雲仙
小金山玉
金玉姫
金牡丹
金名花
小金蘭心
金錦蓮
金一枝蓮
金南珠
金春桃
金瑛月
金錦浪
金月仙
崔明珠
崔弄玉
崔月香
安竹香

李彩紅
金月仙
京城金蓮花
金彩鳳
金杏花
金銀紅
金彩雲
金弄仙
金彩仙
小金錦蓮
金丹心
金芙蓉
金玉娘
金金珠
金一徳
金仙玉
小崔明珠
崔山月
崔雪梅
安静心

李錦香
金蘭珠
平壌金蓮花
金蓮心
金江南鴻
金一朶紅
金南珠
金梅花
小金彩仙
金眞珠
金香蘭
金玉梅
金琪紅
金碧桃
金桂月
崔紅蓮
崔竹葉
崔仙玉
崔英仙
安月桂

李鳳順
金蘭玉
小金蓮花
金水鸞
金鳳心
金松子
金菊心
金英仙
金蘭紅
金花蓉
金水晶
金素淡
金弄月
小金山月
金山紅
崔桃英
崔蘭珠
崔淡紅
崔鶴姫
安錦香

李太姫
金玉仙
金錦仙
金山玉
金月色
金松竹
金夏雲
金蘭心
金銀玉
金玉心
金楚雲
金惠蘭
金桃花
金明玉
金景植
崔玉珠
崔香心
崔月花
崔花中月
安香心

安山月
鄭玉珠
鄭玉蓮
朴蓮香
朴玉姸
朴蘭玉
朴仙玉
小朴鳳仙
張玉蘭
韓仙花
方玉桃
尹彩紅
姜蓮香
姜玉姫
林花鳳
林玉葉
全彩蘭
趙松鶴
曺山玉
邊水晶
柳香心

鄭花紅
鄭桂香
朴眉月
朴香心
朴貞淑
朴弄仙
朴錦香
張初香
韓明月
韓月仙
尹弄月
尹三珠
姜松竹
林百合子
林明玉
任彩鳳
全山玉
趙山月
咸芙蓉
玄梅紅
劉山月

鄭錦紅
鄭玉香
朴山紅
朴梅花
朴明花
朴桂香
朴鳳仙
張錦香
韓美紅
韓綠珠
尹彩雲
康琦花
姜小春
林春雲
林明月
全紅梅
全花仙
趙翡翠
咸山月
玄牡丹
文山月

鄭彩玉
鄭海月
小朴山紅
朴一枝紅
朴山月
朴玉花
朴椿姫
張錦蓮
韓素玉
韓玉珠
尹春紅
庭松竹
姜山玉
林松西
林水月
全錦姫
田明仙
趙明花
邊彩鳳
柳山月
文山玉

鄭梅花
鄭蓮玉
林綾雲
朴桂紅
朴蘭心
朴鳳心
朴香山
張小香
韓小紅
方月仙
尹蓮花
康春心
姜山月
林春紅
林水蓮
全錦珠
趙蘭紅
曺弄仙
邊玉桃
柳眞紅
文蘭香

文明花　文山紅　洪小月　洪菊花　洪蓮花
洪蓮心　申桂仙　申錦珠　申山玉　申玉珠
辛錦蓮　吳英心　吳翠瓊　吳鳳姬　裵彩玉
裵弄玉　黃玉桃　黃琴仙　白雲仙　白雲深
王琦花　廉花中仙　廉蓮紅　桂仙玉　桂玉蘭
宋月仙　蔡錦球　卜惠淑　皐香心　陳小紅
秦花仙　羅錦香　池紅蓮　沈蓮花　郭水仙
都月仙　疊桂紅　太明珠　權花仙　孟翡翠
高仙玉　元彩月　玉彩鳳　孟玉心　朴一朶紅
朴綾波　金蓮香　徐香菊　徐珊瑚珠　徐菊香
徐錦仙

朝鮮舞

朝鮮博覧會記念舞、蓮花始舞、舞皷、朝鮮雅樂、劍舞、正方別曲、長生寶宴舞、高句麗舞、抛毬樂、寶相舞、菊花會、無碍舞、僧舞、擊壤歌、鳳來儀、三味線（妓生の內地唄）

ダンス

クシコス、タンボリン、テルミー、キヤラバン、瀨戶の風景、マツバラ、タランテラ、オーバゼアー、トロツト、ウズマキ、キスメツト、チヤイナガール、チペラリー、コツパク、チヤーレストン。

漢城券番

出演者

姜蓮月　洪素玉　許春桃　任春紅　金蕉紅

郭彩玉　閔山月　李錦珠　孫眞紅　李龍玉
李翠玉　李江南月　孫瓊蘭　盧山月　金玉葉
李彩仙　劉山玉　徐花仙　金秋月　南山紅
金綫珠　林鳳姫　白鳳姫　李山紅　徐山紅
金眞玉　孫瓊心　申彩仙　車蘭紅　金月中仙
韓山紅　張彩仙　金桂順　崔弄玉　金玉姫
鄭長順　金貞子　金蓮花　金明玉　南翠玉
黃錦蘭　朴彩瓊　李蓮花　崔鳳仙　金銀珠
權桂紅　安桃紅　張綠葉　崔竹葉　金珊瑚珠
李花仙　李桃花　李海月　金玉珠　金百之
金明心　朴蘭香　林花香　鄭香蘭　安香心
崔竹香　金弄玉　金香蘭　李妍鸎　韓山月
金玉葉　金眞紅　趙玉妍

朝鮮舞

朝鮮博覽會祝賀舞、四鼓舞、三味線、鳳來儀、八劍舞、僧舞、朝鮮産業舞、男舞、響鈴、春光好、五年仙。

ダンス

妓生の美曲、エスペナ、トナカツ、マシル、タンポリスト、オリエンタル、タブリ灣、クシマス郵便、太湖船、スキンカ、ハタプリ。

漢南券番

出演者

李花仙　崔蓮心　張山月　鄭桃花　趙又春
金一心　尹玉花　洪桂仙　金綫葉　張瓊心
高桂仙　金瓊心　全柳色　李暎月　金杏花
石山月　高飛鸞　金蓮花　李小紅　金明玉

金玉景　李蘭紅　安桂香　崔紅蓮　李龍姬
姜一性　林桃花　林一仙　姜雪香　文彩玉
朴蓮玉　林玉仙　文順任　崔玉葉　高飛鳳

朝鮮舞

朝鮮博覽會記念舞、僧舞、長生寶宴舞、劍器舞、六花隊、壽宴長、撲蝶舞。

ダンス

朝博記念舞、キリサン、スピツナツ、マツトル、コツパク、ホロリ、スラートス、プアンブル、ホーモン、アツシユ、ボルチン、オリエンタル、道頓堀、ツアツルタル、トナウヴ河、キユロコピヤ、ピークス、アツシユ、ツアツルタル。

京城券番

出演者

金暎月　朴錦花　康弄波　崔山玉　郭敬姬
林蓮花　池山月　鄭花中仙　朴蘭玉　韓眞紅
崔明花　李明花　文芙蓉　咸瓊蘭　金錦珠
吳山月　孫錦紅　金蘭玉　安綠珠　池紅蓮
金月仙　鄭星愛　申蓮淑　李鳳仙　金山玉
崔一枝紅

朝鮮舞

朝鮮博覽會記念舞、春香舞、四仙舞、僧舞、劍舞、撲蝶舞、四鼓舞、抛毬樂、慶豊圖、舞山香、長生寶宴舞。

ダンス

トリサアブ、カボツト、マーチル、ワイセツトリ、マドレツト、コツパーク、タンボレースト。

宣傳歌

國境節

一、文化の流に棹さして　進むや統治の二十年　實りを誇る秋は來ぬ
二、北嶽山を脊に負いて　高くそびゆる殿堂は　朝鮮縮圖の博覽會
三、產業敎育百般の　文化施設の有樣を　手にとる如く物語る
四、見よや朝鮮十三道　精華集めし品々は　聞きしに優る大富源
五、朝日かゞやく半島の　姿うつして餘りなく　新興の意氣は漲れり
六、來れ南山空晴れて　紅葉彩る大京城　菊の香りも今高し」

一、旭うつらふ金剛の　峰より高く秋晴れて　空にたゞよう雲もなし
二、丹精こゝに二十年　文化の華と咲き誇る　始政記念の博覽會
三、君が光りの御惠みに　幸よくかゞやう海山の　寶の山と人の山
四、まことと巧に又妙に　作りなしたる數々の　品は世の富人の幸
五、あゝ產業の開發に　內鮮共に手をとりて　いそしみ合ふぞ賴もしや」

一、明け行く朝鮮半島の　榮へをこゝに博覽會　拓く昭和の樂しさよ
二、時は紅葉の秋の頃　織りなす錦あやなして　文化燦然こゝに咲く
三、見よや八道文明の　其の精粹の姿こそ　官民一致の努力なれ

四、語る歴史は二十年　山河に滿る大富源　粋をあつめて君を待つ
五、名もかぐはしき景福宮　粧ひ凝して極東の　粋をあつめて君を待つ
六、來れや同胞國の爲　來りて盡せや大陸の　目指す文化の進展に」

鴨綠江節

△拓け行く朝鮮半島の十三道
　文化の花咲く大京城　姿影せしアー博覽會ヨ
　あなたの（又）御出でを待つばかり
△朝鮮が一眼で判るアノ博覽會ヨ
　土產は高麗燒ヨ妓生のヨ
　是非共貴方は來ておくれ　舞もマタ話の種になる
△朝鮮を人に知らするアノ博覽會ヨ
　粋を集めたアノ大京城
　夕べも行た樣なゆめを見たヨ
　ほんとに又行きませうネー貴郎

都々逸

△朝鮮博から知らせが來たか　誘ひ合はして渡る雁
△燃ゆる理想に文化の華を　咲かす朝博意氣と熱
△解いて見せます景福宮で　秘めた文化の繪卷物
△咲いた櫻はお國の花よ　開く朝博民の花

△一家揃ふて朝鮮博へ　ほんに樂しい秋の旅

博多節

(1) さあさ　オイデマシタカネ　往きましよう　手に手をとりて
稔る文化の朝博を　見なけりや一生の耻に　オヤドッコイショ　なる

(2) 百の　オイデマシタカネ　耳より　ひとつの　まなこ
一目でわかる朝博を　見なけりや一生の耻に　オヤドッコイショ　なる

標語

△十三道朝鮮博で一と眺め
△登るなら金剛山下るなら鴨綠江　見るなら秋の博覽會
△始政二十年一眼で見ゑる朝鮮博
△文化は朝博から
△朝博は半島文化の繪卷物

博覽會宣傳行進歌　（小學校生徒用）（日本海軍々歌「扶桑の空」の譜）

一、紅葉あやなす秋九月　開くや半島文明の　精華をここに景福宮　語るそ嬉れし博覽會
二、星霜移して二十年　進めし統治の功業は　內鮮努力の結晶そ　祝へや謳へ博覽會
三、希望は高く開發の　規準を示して餘すなく　燃ゆる理想の輝きを　仰くそ嬉れし博覽會

時調

一、黃菊丹楓九月天에漢陽城內도라드니 北岳山下넓은터에千種萬物다모엿다
眞實로奇異코壯快키는博覽會가

二、이江山三千里에처음보는博覽會라 뜻잇는靑春少年마음먹고자세보소
우리도文明發達하여남과갓게

三、朝鮮에博覽會는古今에처음이다 土產도만커니와海外產도積如邱山
누구나한번곳보게되면智識늘가

朝鮮博覽會歌

一、無窮花 향내덥힌 우리보배로 百花가 얽으러진 文化의동산
大朝鮮 博覽會가 光明에찻네
(후렴) 동모야 가자가자博 覽會가자 우리의 자랑터로 발맛취가자
丹楓든 景福宮은 비단이곱고 보배가 山갓흔데 사람이바다
大朝鮮 博覽會가 깃븜에뛰네

二、朝鮮은 三千里 아름다운싸 豆滿江 풀피리 남쪽에쳐녀
黃海와 東海가 번갈아오네

(후렴) 가자가자 서울장안 셰들석한다 博覽會는 우리것이 뫼인집이다

朝鮮은 三千里 살긔조흔싸 金나고 銀나고 소가음ㅣ메

百穀과 萬物이 풍성하고나 보고는 널이자 坊坊谷谷이

우리의 文化는 나날이크고 우리의 산님을 빗나게하려

朝鮮博覽會歌 (一)

金永煥作曲

5 5. 5 1 2 3 4 | 5. 6 5. 6 5.
1. 무 궁 화 향 내 덕 힌 | 우 리 보 배 로
2. 단 풍 든 경 복 궁 은 | 비 단 이 펼 교

3 5 5 2. 3 2 1 | 6. 2 1 6 5.
1. 백 화 가 얽 으 러 진 | 문 화 의 동 산
2. 보 배 가 산 갓 흔 데 | 사 람 이 바 다

6 5. 5 1 2 3 5 | 2 3 2 5 1.
1. 대 됴 션 박 람 회 가 | 광 명 에 찻 네
2. 대 됴 션 박 람 회 가 | 깃 븜 에 뛰 네

5 5 5. 6 5 5 1 2 | 3. 5 1 2 3.
동 ㅡ 모 야 가 자 가 자 | 박 람 회 가 자
동 ㅡ 모 야 가 자 가 자 | 박 람 회 가 자

2 2 5 5 2. 3 2 1 | 6 2 1. 6 1.
우 ㅡ 리 의 자 랑 터 로 | 발 마 쳐 가 자
우 ㅡ 리 버 지 랑 터 로 | 발 마 취 가 자

됴선박람회가 (二)

金永煥作曲

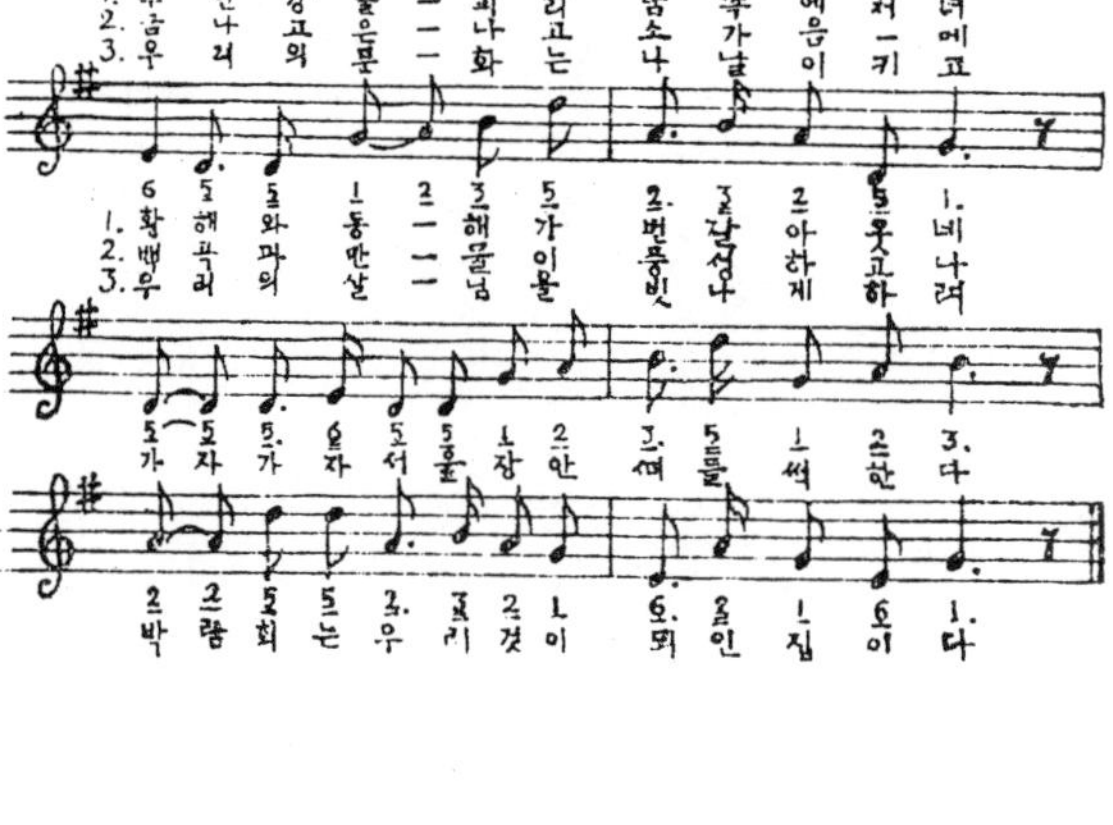

5 5 5 1 2 3 4 | 5. 6 5. 6 5.
1. 됴 션 은 삼 ㅡ 천 리 | 아 름 다 운 따
2. 됴 션 은 삼 ㅡ 텬 리 | 살 긔 조 흔 싸
3. 보 고 는 널 ㅡ 이 자 | 방 방 곡 곡 이

3 5 5 2 3 2 1 | 6. 2 1 6 5.
1. 두 만 강 풍 ㅡ 피 리 | 남 쪽 에 처 녀
2. 금 나 고 은 ㅡ 나 고 | 소 가 음 ㅣ 메
3. 우 리 의 문 ㅡ 화 는 | 나 날 이 크 고

6 5 5 1 2 3 5 | 2. 3 2 5 1.
1. 황 해 와 동 ㅡ 해 가 | 번 갈 아 못 네
2. 백 곡 과 만 ㅡ 물 이 | 풍 성 하 고 나
3. 우 리 의 산 ㅡ 님 을 | 빗 나 게 하 려

5 5 5. 6 5 5 1 2 | 3. 5 1 2 3.
가 자 가 자 서 울 장 안 | 셰 들 썩 한 다

2 2 5 5 3. 3 2 1 | 6. 2 1 6 1.
박 람 회 는 우 리 것 이 | 뫼 인 집 이 다

參考書

日本著名博覽會成績一覽概表

主催 會名	年次 開催日數	會場面積 入場人員	總收入金 同支出金	差引 損益	摘要
政府 大阪第五回勸業	明治卅六年 春百五十日	十一萬四千坪 五百三十萬人	百六萬圓	不明	收入額不明
東京府 勸業博	明治四十年 春百六十日	五萬五千坪 六百五十八萬人	百萬圓	不明	東京府費繰入金アリ
大阪市商工 拓殖博	大正二年 春六十日	二萬五千坪 八十五萬人	十一萬九千圓 十一萬九千圓	慰勞七萬圓 利益一萬圓	府、市補助金返還ス
東京府 大正博	大正三年 春百三十日	十萬坪 七百四十六萬人	百六十四萬圓	不明	東京府費繰入金アリ
京都市 大典博	大正四年 秋八十日	一萬七千坪 八十六萬二千人	三十七萬圓	不明	京都市費繰入金アリ
電氣協會 東京電氣博	大正七年 春七十日	七千坪 百七十七萬六千人	六十七萬圓 五十五萬圓	益金 十二萬圓	東京電氣倶樂部建築基金トス
東京府 平和博	大正十一年 春百七十日	十一萬六千坪 千百三十萬二千人	三百九十七萬圓 四百七十七萬圓	損失 八十萬圓	補助金ヲトラズ陳列場所料徵收セズ
大阪商工 拓殖博	大正七年 春七十日	二萬坪 四十八萬人	九萬五千圓 八萬圓	一萬圓	慰勞金トシテ四萬圓支出セリ
發明協會 發明博	大正十二年 春六十日	七千坪 四十二萬五千人	三十一萬六千圓 二十四萬圓	利益 七萬六千圓	利益ハ協會基金セリ
大阪市 交通博	大正十二年 秋五十日	六千坪 九十五萬人	七萬圓 三萬圓	同 四萬圓	市五千圓ノ資金ニシテ利益ハ市收益トセリ

京都市 五十年博	大正十三年 春六十日	一萬五千坪 百二十一萬人	四十四萬七千圓 三十六萬七千圓	同 十五萬圓	大禮博基金トセリ
熊本市 共進會	大正十三年 春六十日	一萬五千坪 百十五萬人	五十二萬圓 五十萬圓	同 二萬圓	縣、市ノ補助金アリ 市收益トセリ
大阪毎日 大大阪博	大正十四年 春四十六日	八千坪 百八十九萬人	六十一萬五千圓 四十七萬圓	同 十四萬五千圓	府、市公益事業寄附セリ
電氣協會 電氣博	大正十五年 春七十日	八萬坪 二百五十萬人	百四十九萬五千圓 百五十萬圓	損失ナシ	協贊會、協會ニ寄附金アリ
福岡市 東亞博	昭和二年 春日	十三萬坪 百十萬人	九十八萬圓 百九十萬圓	損失 二萬圓	協贊會市費繰入及縣、政、府補助アリ
高松市 產業博	昭和三年 春五十日	四十八萬七千四百人	二十四萬八千五百圓 三十二萬八千五百圓	利益 八萬圓	縣補助八萬圓アリ
別府市 中外產業博	昭和三年 春五十二日	六十一萬八千四百人	三十二萬五千圓 三十一萬二千圓	同 一萬三千圓	縣市補助金アリ
岡山市 勸業博	昭和三年 春五十日	百三十三萬二千五百人	四十三萬圓 四十六萬七千圓	損失 三萬七千圓	縣市補助金アリ 市繰入金アリ
東京市 國產博	昭和三年 春六十日	五萬坪			
仙臺市 東北產業博	昭和三年 春四十四日	四萬坪			
大阪市 交通博	昭和三年 秋五十八日	三萬坪			
京都市 大禮博	昭和三年 秋九十七日	八萬坪 三百八十萬人	四百萬圓 同	損失ナシ	市繰入及奉贊會寄附金アリ
名古屋 大禮博	昭和三年 秋七十六日	四萬坪			
甲子園 大禮博	昭和三年 秋九十日	七萬坪 六十萬人	百萬圓 五十萬圓	損失 五十萬圓	補助金ナシ

朝鮮博覽會々期前後ニ於ケル金融狀況調査書

調査方面 ＼ 年度		昭和三年九月	昭和四年九月	増△減	昭和三年十月	昭和四年十月	増△減
朝鮮銀行	口數	二、四六二口	二、六〇七口	一四五	二、四五六口	二、五六八口	一一二
	金額	二〇、五四三、三九六円	一五、九七四、六八六円	四、五六八、七一〇	一八、四三〇、一三三円	一七、二五一、六七〇円	△一、一七八、四六三
殖産銀行	口數	四、二三六	三、九七六	△二五〇	三、八九七	三、八七五	△二二
	金額	一二、二〇三、六四八	二九、七九五、一八五	一八、五九一、五三七	一五、一四四、〇七六	一六、〇九五、一〇八	九五一、〇三二
商業銀行	口數	二六、〇二六	二七、〇七四	一、〇四八	二九、三三一	二八、九七八	△三四三
	金額	一二、一三五、〇〇〇	一二、九九三、〇〇〇	八五八、〇〇〇	一〇、六一五、〇〇〇	一一、五一一、〇〇〇	八九六、〇〇〇
貯蓄銀行	口數	一六、九七五	二〇、一〇一	三、一二六	一八、九九九	二一、三三八	二、三三八
	金額	九一二、〇〇〇	一、二四七、〇〇〇	三三五、〇〇〇	一、〇七三、〇〇〇	一、二四六、〇〇〇	一七三、〇〇〇
第一銀行	口數	四、八〇八	四、七〇四	△一〇四	四、七三七	四、五三〇	△二〇七
	金額	一四、四六七、五一〇	一五、六〇一、八三一	二三四、三二一	一四、九四七、一六四	一六、四五二、七八六	一、五〇五、六二二
十八銀行	口數	三八、五六〇	三七、〇二五	△一、五四五	四二、〇三四	三九、四七三	△二、五六三
	金額	四七、九三五、〇九一	五〇、二九八、二六八	二、三六三、一七七	五四、七八五、三七八	六三、七五八、九七〇	八、九七三、五九二
山口銀行	口數	一、五五〇	一、六二五	六五	一、五七三	一、六四三	六九
	金額	四、四〇一、七〇三	三、三九六、二五六	△一、〇〇五、四四六	四、二六九、五五一	三、三六二、七六三	△九〇六、七八九
安田銀行	口數	六五七	一、二〇九	五五二	七八九	八一三	二四
	金額	六九三、九二七	九八〇、九九一	二八七、〇六四	六九五、一八四	六五五、二八一	三九〇、九三
漢城銀行	口數	五〇、三三九	五六、八五九	—	五七、八九一	五九、一〇九	—
	金額	四一、九五二、〇〇〇	四三、六三五、〇〇〇	—	五一、七一五、〇〇〇	五二、〇一九、〇〇〇	—
韓一銀行	口數	三六、六二四	三九、〇〇六	二、三八二	三九、〇五八	三九、八七三	△一、一五八
	金額	一二、三四四、〇〇〇	一三、九四一、〇〇〇	二、五九七、〇〇〇	一三、二三一、〇〇〇	一四、四二八、〇〇〇	一、二〇七、〇〇〇

海東銀行	口數	二一八	四四三	二二五	三五七	三〇一	△五六
	金額	一一〇、六一七	三八三、三五四	二七二、七三七	二三七、一八一	一四九、四四八	△八七、七三三
京畿道聯合金融組合	口數	六〇、七五五	八一、二五三	二〇、四九八	三四、八〇一	三六、四九一	一、六九〇
	金額	六、六二五、五九六	六、五五一、三八一	△七四、二〇一	七、〇五四、二四九	五、七三〇、五四八	△一、三二三、七〇一
銀行集會所	口數	九六、一九七	一〇〇、七一八	四、五二一	一一三、二七三	一一二、五二三	△一、二五〇
	金額	四八、九八八、四〇四	五三、六八一、二一二	四六九二、八〇八	五八、五三〇、七六四	六二、五五〇、六三九	四〇一九、八七五
鐵道局	人員	一、八三二、四九二人	二、〇七一、二三六人	—	二、〇一七、二一三人	二、二七七、四四〇人	—
	金額	二、七一三、七五五円	三、四五五、一〇三円	七四二、三四七	三、三二七、九〇七円	四、三七八、八九九円	一〇五〇、九九三

京城各券番藝妓及妓生糸代比較

	昨年九月	本年九月	差	昨年十月	本年十月	差
本券番	四三、九八六円	四八、八六九円	五、八八三円	五三、二三九円	七一、七〇三円	一八、四六四円
新町券番	二三、五二九	三二、一二二	八、五九三	二七、九五八	四六、九二六	一八、九六八
龍山券番	—	二、〇〇〇	—	—	二、〇六九	—
漢南券番	四、一八一	三、九一二	△二六九	四、二二八	四、一八〇	△四八
漢城券番	一〇、二五五	一四、八〇三	四、五四八	一二、六五三	二一、四一七	八、七六四
朝鮮券番	七、〇九〇	一五、六三三	八、五四三	七、四九一	二三、一五二	一五、六六一

京城府内宿泊人員調

區分			本町署	鍾路署	西大門署	東大門署	龍山署
昭和三年	九月	內地人	四、八〇七	七三	四	—	九月、十月合計トス
		鮮人	二、八六九	四、九四一	三三	—	
		外人	一九三	一	—	—	
	十月	內地人	一三、七六四	六〇	六	—	七一八
		鮮人	九、三九四	五、〇六〇	三九〇	—	七一五
		外人	三九〇	一	—	—	—
昭和四年	九月	內地人	二六、八〇七	鍾路署朝博期中五十日間分ヲ示ス	二七	二四五	九、十月合計トス
		鮮人	二四、三八七		一、七〇五	四、六九七	
		外人	一、一七二		—	—	
	十月	內地人	四八、八九二	一、〇六八	七五	七三七	三、五五一
		鮮人	四三、〇三八	一〇三、七〇一	一、六六九	六、八七八	一、一五八
		外人	一、四四九	—	一	—	三五

附記　東大門署昨年分ハ調査不能

昭和五年二月十五日印刷
昭和五年二月十八日發行

編輯者　朝鮮博覽會京城協贊會

右代表者　京城府本町二丁目五十六番地　釘本藤次郎

發行者　京城府蓬萊町四丁目六十七番地　肥塚正太

印刷者　京城府太平通二丁目一番地　播本恒太郎

印刷所　京城府太平通二丁目一番地　大海堂印刷株式會社

韓国併合史研究資料 ⑫⓪

朝鮮博覧会京城協賛会報告書

2018 年 4 月　復刻版第 1 刷発行

定価（本体価 8,000 円 +税）

原本編著者　朝鮮博覧会京城協賛会
発 行 者　北 村 正 光
発 行 所　株式会社 龍 渓 書 舎
〒179-0085　東京都練馬区早宮 2-2-17
TEL 03-5920-5222・FAX 03-5920-5227

ISBN978-4-8447-0471-3
落丁、乱丁本はお取替えいたします。

印刷：大 鳳 印 刷
製本：高橋製本所